Biblioteka RAD

Urednik
SIMON SIMONOVIĆ

Prevela
TATJANA ŠOTRA

Patrik Beson

VILA
DON KIHOTE

RAD

Izvornik
Patrick Besson
DÉFISCALISÉES
© Libraire Arthéme Fayard, 2003
© Rad, za srpski jezik, 2007

1

Kameno stepenište vodilo je, naviše, do bazena odakle se videla cela uvala. Prva bi ujutru stigla Anemona, da prepliva nekoliko uzdužnih krugova u bazenu. Svakog dana dodavala bi još po jedan, s nadom da će do kraja meseca dogurati do pedeset. Njen ljubavnik, Holanđanin, uskoro poslovno svraća u Pariz pa je želela da oslabi i da zategne mišiće. Dok se razgovaralo, svi su osećali da je posebno osetljiva na pitanja o njenoj težini. Kao da je htela i da osluša kako se smanjuje. Neprekidno je bila u stanju nervne razdražljivosti što je bila posledica lišavanja hrane i fizičkog napora. Stela se zbog toga stalno žalila jer je Anemona, u normalnim uslovima, bila zabavna i vatrena gošća, uvek dobrog raspoloženja. Bila je glavna atrakcija u letnjikovcu. Znala je da zabavlja mlade, da uteši starije. Ili obrnuto. Uvek je bila puna ideja za igre i izlaske. Otimali su se oko nje od Baskijske do Azurne obale, pogotovo onda kada bi joj muž otišao u Švajcarsku na lečenje od alkoholizma, kao sada. Anemona je, 24. jula, napunila četrdeset i osam godina, a tortu nije jela čak ni na svoje rođendansko veče.

Vila *Don Kihote* nalazi se na padini brežuljka. U njoj su na letovanju Žistina, Stelina ćerka i mladić njenih godina koga je predstavljala kao druga s fakulteta. Zvala ga je Bimbo[1]; pravo ime mu je Pjer. Oboje bi, sve vreme, samo ulazili i izlazili iz vile *Don Kihote*. Stela ih je, svaki put, molila da ostanu na ručku ili na večeri. A oni su imali neka druga posla. Bazen nisu koristili, više su voleli plažu i more. "Ima suviše hlora u tvom bazenu, govorila bi Žistina Steli. – Baš ga nema! Koristimo specijalnu so: Tradizel. Prečišćava i omekšava vodu." Žistina je visoka crnka koja liči na svog oca Žeremija, od koga se Stela razvela pre trinaest godina. Do ovoga leta Žistina je izlazila samo sa devojkama i iznenadila je svoju majku i Anemonu kada je, sredinom jula, stigla na ostrvo, s tim ozbiljnim studentom. Delili su istu jednokrevetnu sobu. Da li su vodili ljubav? Stela i Anemona bi, na tu temu vodile razgovore, ali suviše kratke za Stelin ukus jer ih je restoraterka (Anemona je držala riblji restoran *Riblja kost*, u Parizu, u XVII arondismanu blizu kapije Majo) neprestano prekidala zbog svojih uzdužnih plivačkih tura. Stela je mislila da je Bimbo ljubavnik njene ćerke. Anemoni je bila bliža ideja da je posredi prijateljski dogovor, koju je potkrepljivala tvrdnjom da joj Bimbo liči na *gaya*. Ni jedna ni druga nisu se usuđivale da ispituju Žistinu jer bi ova, kada je neko zabadao nos u njen privatan život, imala običaj da se obrecne s takvom žestinom i s tako oštrim rečima, da je podsećala na svog oca iz vremena njegovih prvih javnih rasprava protiv "Policijske države" iz 70-ih godina.

Kada se na bazenu pojavio Olivje Florans, Anemona je upravo završavala svoje vežbe plivanja. Pogledala ga je kratko bez ikakavog znaka pozdrava, jer nije htela da se dekoncentriše. To ga nije vređalo pošto je znao koliko je za nju važna

---

[1] Uobičajen nadimak za ženu -"objekat". (*Prim.prev.*)

ova jutarnja aktivnost. Restoraterkine uzdužne ture bile su jedna od velikih tema razgovora u vili. O tome se govorilo šaljivo, što je Anemona prva nametnula, mada se osećalo da sve shvata ozbiljno. Svaki protekli dan približavao je njenom estetskom idealu koji do sada nikada još nije uspela da dostigne. U ogledalima u kući nadzirala je napredak. Koliko je pocrnela, mišiće, izgled. Radila je na svom preobražaju, zbog čega je unapred bila očarana, ali se bojala da stvar, kao ni prethodnih puta, neće sprovesti do kraja.

– Dvadeset i jedna! rekla je u jednom dahu.

Njeno teško ružičasto telo pomaljalo se iz vode. Olivje Florans koji je već bio skinuo bade-mantil i ispružio se na ležaljci, podiže se da joj čestita na dobrom rezultatu. Ponosno mu se nasmešila. Ali malo-pomalo, na licu joj se zaledio izraz patnje: osećala je glad. Od plivanja se stomak isprazni – a ostalo joj je najmanje još tri sata čekanja na skromnu porciju "nica" salate koju je sebi odredila za ručak. Tri sata i petnaest minuta do tri i po sata, jer je u ovoj kući bilo nemoguće dobiti ručak tačno u određeno vreme. Za osobe na dijeti, to je pogubno.

Olivje Florans, kao i Žistinin otac bavio se advokaturom, međutim više je voleo poslovno pravo. Bio je omanji vitak čovek, preplanuo, kratke sede kose, sitnih plavih očiju koje su sve vreme izgledale kao da se kolebaju između ljubavi, mržnje i nasilja. Zaljubljenik u umetnost, u trenucima dokolice slikao je apstraktne slike. Čekao je da ode u penziju – još tri i po godine – pa da se potpuno posveti svom hobiju. Sakupljao je stara kola i nameštaj iz 1930. Nekada je bio veliki Žistinin drugar. Tokom čitavog njenog detinjstva i ranog puberteta vodio je u bioskop i u pozorište. Kao devojčica, a posle i kao mlada devojka, poveravala mu je svoje tajne, a on bi požurio da ih smerno prenese Stelinom uhu, jer je bio i njen savetnik. Njemu zahvaljujući milijarderka je otkrila da joj je ćerka homoseksualka.

Olivjeova supruga, Martina, pojavljivala bi se na bazenu oko jedanaest sati. Anemona, pošto nije više mogla da trpi glad, odlučila je da napravi raciju na voće u kujni. Voće, govorila je, nije trebalo smatrati prekršajem u dijeti. Požurila je prema kamenom stepeništu po čijem je svakom basamaku, svojim teškim nestrpljivim nogama udarala kao čekićem.

– Sirota Anemona, uzdahnula je Martina pošto je restoraterka nestala, mnogo sebe muči zbog svog Holanđanina.

– A ja mislim, uzvratio je Olivje, da je sjajno što je osoba njenih godina još u stanju da čini tolike žrtve zbog muškarca. Anemona se vratila na bazen s tanjirom na kojem su kao na prestolu stajale kruška, jabuka, pomorandža, banana i ogroman grozd. Smestila se na suncu kako bi i dok jede crnela, ali kako je sunce postalo suviše jako restoraterka se brzo premestila u hlad pod suncobran. Martina je primetila da banana i grožđe imaju suviše kalorija. Anemona je, ne želeći da joj bilo ko pokvari uživanje, odgovorila:

– Moj dijetetičar mi je rekao: sve voće, u količinama koje želite.

– Imaš dijetetičara?

– To je moj lekar opšte prakse, ali se dobro razume i u dijetetiku.

– Svi se mi razumemo u dijetetiku, primetio je Olivje. Dovoljno je što čitamo ženske novine.

Oko podneva, malo vremena posle ovoga, svi su pozdravili dolazak Stele, domaćice kuće. Anemona je uveliko već bila pojela, a i svarila, svojih sedamsto pedest grama voća i ponovo je ogladnela, što je činilo zlovoljnom. Stela se bezbrižno popela uz stepenište. Za domaćina se nikada ne zna kako gleda na goste, da li ih voli ili mrzi. Stela bi ponekad govorila Lisjenu da su gosti glavna nepovoljna strana novca. Govorila je, takođe, da su ljudi, koji su kod vas na hrani i spavanju vaši robovi, robovi koji ništa ne rade zbog čega imaju grižu savesti, a što ih još više čini robovima. Lisjen je šef kuhinje u restoranu *Riblja kost*. On je kod Mišlena ove godine osvojio svoju drugu zvezdicu. Bio je Stelin ljubavnik prošle godine, od 15. oktobra do 13. aprila. Rastali su se zato što je ona tražila od njega da napusti ženu, a on to nije želeo.

Jutros je Stela obukla kostim boje kestena. Mlađa je od Anemone godinu dana: njoj je četrdeset sedam godina. Plavokosa je, s pepeljastim prelivom i izgubljenim pogledom kratkovide osobe.

– Šta ima novo? obratila joj se Anemona.
– Osim mog kupaćeg, ništa.
– Lep je, rekla je Martina Florans.
– Moram priznati da ti boja kestena dobro pristaje, rekao je Olivje.

Olivje je branio Stelu prilikom ostavinske rasprave o majčinom nasledstvu protiv njene sestre Rašele. On je jedini u kući znao tačan iznos njenog novca.

Stela je primakla ležaljku do Anemonine po čemu je ova zaključila da njena prijateljica hoće da razgovara jer bi obično ostajala odmaknuta s novinama i svojom paklom cigareta.

2

Martina Florans osećala se izgubljenom u vremenu. Ovo nikome nije govorila, iz straha da je ne zatvore u ludnicu. Kada se penjala do bazena vile *Don Kihote*, svaki put bi sebe videla u prošlosti kako tom istom stazom prolazi. Na ivici bazena bi se, kao da je stvarno tu, pojavio Žeremi, bivši Stelin muž, sa svojim izduženim preplanulim telom. Advokat još uvek nije bio osedeo. On je došao posle Patrika s kojim je Stela živela nekoliko godina pre toga. Generalni direktor neke agencije za komunikaciju, nije znao da pliva; kada bi mu bilo preterano vruće, tuširao se hladnom vodom. Isto tako, za stolom ili u sobi, Martina je istovremeno bila sa Olivjeom iz današnjih dana i sa njim iz godine njihovog susreta kod Režine. Te večeri je na sebi imala haljinu Iv Sen Lorana, krojača u to vreme u modi. Sećala se svega što je pila kao i marke automobila u kojem je Olivje, mladi mršavi i predusretljivi advokat, otpratio do kuće njenih roditelja u ulici Vilije: vozio je trijumf. U mislima su joj promicale sve njihove večere u gradu od one godine kada su se venčali, isto kao i vikendi u Kaburu (Olivje mrzi Dovil), putovanja na Daleki istok. Pre starih automobila i nameštaja iz 1930, Olivje je sakupljao predmete sa Dalekog istoka. Svoju zbirku predmeta sa Dalekog istoka prodao je, da bi započeo sa zbirkama starih kola i nameštaja iz 1930. Na današnjem licu njenog muža – prefinjenom, malo osušenom – ocrtavala su se pred Martinom sva njegova prethodna lica, lice iz vremena kada je pobedio Elfa u apelacionom sudu u Hagu, njegovo pobedničko lice onoga jutra kada su se uselili u privatnu vilu Monmoransi, njegovo bledo i napeto lice onog popodneva kada mu je predsednik Republike – još jedan iz redova njegovih klijenata – dodeljivao orden Legije časti. Martini nije polazilo za rukom da zaustavi svoju misao u sadašnjosti. Lutala je neprestano s jednog na drugi kraj svog života, menjajući lica ali i mesta. U vili Monmoransi, gde je dekoracija, otkada su se uselili, tri puta menjana, Martina je živela u sve tri istovremeno. Za nju zgrada iznad kafe-restorana *La Coupole* nije postojala, a dešavalo joj se da u Luvru ne vidi sve tri piramide. Pariz po kome se šetala bio je Pariz iz svih njenih šetnji, a spomenici su se u gradu pojavljivali i nestajali prema slobodnoj volji njenih uspomena.

Iza svojih naočara za sunce posmatrala je Stelu i Anemonu kako razgovaraju o Lisjenu. Sve ljubavne priče činile su joj se glupim pošto sve imaju ono pre, kada se protagonisti ne poznaju i ono posle, kada se više neće voleti. Za nju, nije moglo postojati nešto što već nije postojalo i ono čega uskoro neće više biti.

– Za mene bi bilo jednostavnije kada ti više ne bi imala veze s Lisjenom, rekla je Stela Anemoni.

– To nije moguće.

– Znam. Onda ti i ja ne smemo više biti u kontaktu. Dok tebe gledam mislim na njega, a dok mislim na njega, imam utisak da umirem.

– Sigurno postoji neko rešenje.

Martina pomisli kako Anemona s užasom zamišlja mogućnost povratka u Pariz usred avgusta, utoliko pre što je restoraterka bila još daleko od završetka svog ambicioznog plana s dužinama bazena. Martina je ponovo videla Stelu i Anemonu iz vremena kada ih je upoznala. Bilo je to vreme kada ju je Olivje svake večeri izvodio u visoko društvo, jer je hteo da stekne klijentelu iz *jet-seta*. Sreli su se sa Stelom i Anemonom na nekoj proslavi u Solonji. Martinu su očarale ove dve visoke duhovite i neusiljene devojke. Osećala se isključenom kada su raspravljale o knjigama, ali ih je sto postotno hvatala čim bi se poveo razgovor o modi. Priključila se ovom dvojcu, ostajući uprkos svemu treći točak kočije, u položaju koji joj nije smetao jer je mislila da ne zaslužuje ništa bolje pored ove dve vedete visokog pariskog društva. Njih dve zajedno, opustošile bi aveniju Montenj i ulicu Grenel, završavajući dan u nekom od salona za čaj uz kolače i priču o muškarcima. To su bile lepe godine koje su se Martini neprestano vrzmale po mislima – kao i sve ostalo iz njenog života.

– Kakvo rešenje? upitala je Stela restoraterku.
– A da mu telefoniš?
– A da mu *ti* telefoniraš. Tebi će bar podići slušalicu. Ti si mu poslodavac. Kad samo pomislim da ga nisi izbacila posle onoga što mi je uradio!
– On je jedan od najboljih šefova kuhinje u Parizu.
– A kad bi ga zamenila nekim drugim najboljim šefom u Parizu.
– Samo bi me odšteta koštala čitavo bogatstvo.
– Ja bih platila.
– A onda, njega sam upoznala pre tebe.
– Mi smo se upoznale u šestom!
– Kada sam njega srela, ti ga nisi poznavala.

– Naravno nisi mi ga bila još predstavila.
– Zameraš li mi što sam te upoznala s njim?
– Da!
– Hoćeš li da te više ne upoznajem ni sa jednim momkom?
– Ako tebi ne smeta, ja bih to više volela.
Anemona caknu jezikom uz zvuk s određenim značenjem.
– Koliko je kod tebe sati Stela?
– Jedan i nešto.
– Zar danas nema ručka?
– Ima, naravno. Ali ne znam šta spremaju oni u kuhinji. Neka se drama dešava u Marijinoj porodici.

Marija, žena s Majorke, njihovih godina, odlazila je svakog jutra u selo u nabavku namirnica, pripremala je ručak, raspremala sto i prala sudove. Vraćala se svojoj kući oko četiri po podne. Uveče bi se snalazili: podgrejali bi jela koja je Marija pripremala ili bi se Stela prihvatila šporeta. Milijarderka je bila dobra kuvarica. Nije naravno bila Lisjenovog ranga, ali za amatera, branila je svoje pozicije. On joj je takođe pokazao nekoliko kulinarskih trikova.

– Drama u Marijinoj porodici?
– Sestra njena. Ima rak. Dojke ili jajnika, više ne znam.
– Pa?
– Marija je sluđena, zamisli da si na njenom mestu.
– Ma naravno, ali ručak... Pazi, rak je užasna stvar.
– Mariju je to mnogo pogodilo. Rastužila me je.
– Misliš li da neće imati snage da skuva ručak po ovakvom danu?
– Ne znam. Da se okupamo? Vrućina mi je.

Posle kraćeg oklevanja, Anemona je krenula za svojom prijateljicom do bazena. Sišle su polako u vodu. Martina Florans je gledala njihova opuštena, malo svenula tela. U sebi ih je poredila s blistavim siluetama koje su Stela i Anemona drsko prikazivale 1981, 82, u bazenima hotela *Ritz* ili *Pollo*. Stela je preplivala jednu dužinu pod blagonaklonim Anemoninim pogledom. Prijateljice su i dalje između sebe razgovarale, ali su se sada nalazile suviše daleko od Martine da bi ova mogla bilo šta da čuje. Verovatno se sve vrtelo oko iste teme: Lisjena. Čovek koji je *ponovo izmislio* ribu, prema pariskoj gastronomskoj kritici, jednodušnoj, ili gotovo jednodušnoj.

3

Pre večere, okupili bi se da prisustvuju svečanosti zalaska sunca. Svi bi posedali na terasi. Bivši vlasnici vile *Don Kihote* – neki penzioneri, Englezi, koji su vili dali to smešno ime, a Stela se nije potrudila da ga promeni – napravili su terasu okrenutu ka jugoistoku, na kojoj je bilo sunca samo ujutru. Žeremi je u to vreme bio zapeo da Stelin arhitekta sazida još jednu terasu na jugozapadnoj fasadi. Arhitetkta je penušao od besa: u toplim krajevima, objašnjavao je, izbegavali su tu vrstu izmišljotine, jer je važnije bilo izbeći sunce nego mu otvoriti svoju kuću. Žeremi mu je jasno rekao da se on ili mora pokoriti ili će Stela promeniti arhitektu. "Ovo drugo rešenje mi se čini dobro", rekao je G.Torteli iz Milana, pre nego što se oprostio od francuskog bračnog para. Trebalo je, onda, pronaći drugog arhitektu. Za to se Stela pobrinula. Žeremi nije imao vremena. To je bilo u vreme kada je branio Žinetu Umsu, mladu Malijku iz Ženevilijea koja je ubila svoju majku kuhinjskim nožem pošto ju je ova obrezala. Osim toga, advokat je upravo tada upoznao glumicu Ninu Kostelo. Bilo je povuci potegni dok su pronašli kvalitetnog arhitektu, ali je Žeremi na kraju dobio svoju terasu. Nažalost, u njoj nije stigao da uživa jer kada su se radovi završili nije više bio sa Stelom. Nije bio ni sa Ninom Kastelo. Započinjao je svoju vezu sa Žoanom Simone, voditeljkom zabavnih emisija na prvom programu.

Iz uvale se podizala velika, topla, vlažna tišina. Nebo je izgledalo još prostranije nego tokom dana. Lišće palmi treperilo je na večernjem povetarcu. Na zalasku sunca redosled je bio obrnut od onoga na bazenu: prve bi stizale Stela i njena ćerka Žistina. Posebno su volele da se nađu nasamo na toj terasi, koju je Žeremi želeo pre nego što je napustio svoju porodicu zbog neke medijske glupače koja je čekala njegovo dete ali ga nikada nije rodila, Bog zna zašto. Žistina bi poslužila tekilu, sama isekla zeleni limun. Stela se jedva uzdržavala da joj ne postavi važna pitanja: da li je i dalje homoseksualka? Šta namerava da radi u životu? Drogira li se? – a znala je da će se njeno dete, koje više nije bilo dete, pa dakle nije moglo biti ni njeno, uvući u sebe, da će se zatvoriti, naljutiti i otići. Stela se morala zadovoljiti tim trenutkom, savršenim za poveravanja, ali u kojem ne bi ni jednog bilo. Anemoni je govorila da joj je to kao da masturbiraš a nemaš prava da svršiš.

– Gde je Bimbo? upitala je.

Svi su se u kući navikli da Pjera zovu Bimbo, uključivši i Olivjea, mada je on mrzeo nadimke. Žistinu bi svakog jutra obradovalo kada bi za doručkom čula Mariju kako pita:

– A šta bi gospodin Bimbo voleo danas da jede?

Žistina je pružila majci čašu tekile – i to drugu po redu – a ova je malo oklevala pre nego što je uzela.

– Misliš? – rekla je.

– Sigurna sam.

– Biću mrtva pijana.

– Svake večeri si mrtva pijana.

– Nisam svake večeri!

– Svake otkako si prekinula s Lisjenom.

Stela se nakašljala. Mnogo je kašljala. Trebalo je da prekine s pušenjem. S pićem i s pušenjem. Trebalo je s mnogo toga da prekine. Možda i s muškarcima.

– Misliš li da sam smešna?

– Svi roditelji su smešni, rekla je Žistina, i baš zato ja neću imati dece.

– Nije tako ni loše biti smešan, na to će Stela. – Biti roditelj. Majka.

– To misliš zato što si pijana.

– Ko je za to kriv?

– Trebalo bi da mu telefoniraš.

– Lisjenu? Anemona isto kaže. Ali ona treba da mu telefonira. Ona mi ga je gurnula u naručje! Hoću da mi ga ona dovede. Sutra!

Uvek bi tako bilo na kraju sa Žistinom: pošto se ona nije poveravala, drugi bi se njoj poverili. Možda će na kraju od nje ispasti psiholog.

– Mamice moja, mamice...

Žistina se privila uz Stelu. Voditi ljubav sa ženom ipak pomalo liči na vođenje ljubavi s majkom, pogotovo kada je reč o devojci. Zato što dečaci nemaju majku. Nikoga oni nemaju. Sami su.

Martina Florans pojavila se na terasi, očešljana, našminkana kao iz nekog romana Fransoaz Sagan ili iz nekog Vadimovog filma. Imala je šezdeset i dve godine ali je bila od onih osoba, mislila je Stela, koje ostaju zaglavljene u svojoj mladosti kao u liftu. One sa strahovitim, očajničkim – prometejskim? – naporom, nastoje da – svojom odećom, rečnikom, kulturnim navikama – zaustave vreme. U početku misle da će u tome i uspeti, ali kada shvate da je to nemoguće – vrlo brzo u stvari

– izlaze definitivno iz života, noseći svuda svoj zbunjeni izgled kao u osobe koja je nadzornik ruševina.

– Tekilu, gospođo Florans? predložila je Žistina.

Martina je mrzela da je oslovljavaju sa gospođo Florans, suviše joj je to zvučalo kao obraćanje vlasnici kupleraja. A takve su, dakle, ostale bez posla još od 1946[2]!

---

[2] Po zakonu su kupleraji, ili, "zatvorene kuće" u Francuskoj zabranjeni 1946. g. tako da otada nema više ni vlasnica kupleraja. (*Prim. prev*)

4

Olivje i Anemona stigli su zajedno. Sreli su se u hodniku. Anemona je bila namrštena. Današnje popodne, s dijetetskog stanovišta, bilo je katastrofalno. Čim krenete s dijetom, drugi vam na sve načine zabijaju klinove u točkove. Najpre nije bilo ručka. To je najgora stvar koja se može dogoditi kada nameravate da izgubite kilograme, svi će vam dijetetičari to reći. Pogotovo kada se intenzivno bavite sportskom aktivnošću, kao u Anemoninom slučaju, s preplivavanjem dužina bazena. Neutešna zbog raka svoje sestre, Marija je otišla kući, a ručak nije spremila. Izvinila se, ne može, suviše je tužna. Stela je zagrlila i rekla da je razme. Njena majka je takođe umrla od raka, ali se nada da će Marijina sestra ozdraviti. Sigurna je u to. Marija je rekla da će doći sutra ujutru s namirnicama, kao i obično. "Ako se ne osećate dobro, odgovorila je Stela, ostanite kod kuće." Kako je čula ovu rečenicu Anemoni se učinilo da joj je pozlilo. Stela nije svesna! Ima pet osoba da nahrani – uskoro i šestu, u slučaju da Anemona uspe da nagovori Lisjena da napusti Pariz i *Riblju kost* i da im se pridruži na ostrvu – a izlaže se opasnosti da ostane bez osoblja. Samo je još falilo da i sin kućne pomoćnice dobije napad slepog creva!

Kada je Marija otišla, Stela je rekla da ona ide u svoju sobu da se odmori.

– Zar ti nećeš ručati? upitala je Anemona.

– Ne, hvala. Nisam gladna. Ova priča sa rakom mi je presekla apetit. Podsetila me na moju majku.

Anemona se našla sama u kuhinji. Poslušno je iz frižidera uzela pakovanje industrijski narendanih šargarepa. Ali, bilo je to porodično pakovanje, bilo je u njemu oko petsto grama. Smazala ga je za nekoliko minuta. Onda je navalila na krastavac koji je Marija kupovala kod poznatog majstora za pripremanje gotove hrane na ostrvu; kod njega su se mogle naći i strane namirnice. Tu je nemačka manekenka Aneta Bretling kupovala kobasice, a irska pevačica Bridžet Foks tegle s povrćem u turšiji. Anemona je napravila sendvič sa sirom kamamber. Bez čaše crnog vina, ovaj sir se ne može jesti. Nalila je sebi i čašu crnog vina. Ovo je prvo alkoholno piće koje pije posle nedelju dana. Vreme je već, pomislila je spuštajući čašu s jakim osećanjem krivice, da napusti kuhinju. Ali otvorila je zamrzivač jer je znala da tamo postoji širok izbor sladoleda na štapiću. Čitala je u novinama da kada nekome zadate jedan udarac nožem, osećate potrebu da ih zadate bar još desetak, čak i kada je osoba već izdahnula. Isto je tako i kada jedanput prekršite dijetu. Ako jednom zgrešite nije dovoljno, treba ići do kraja. Rendane šargarepe, kamamber i čaša crnog vina, sve je to još suviše umereno, suviše dijetalno. Anemona je osećala potrebu da u želudac sruči nešto zabranjeno, nešto što zaista voli, a zabranjena stvar koju istinski voli je šećer u svim oblicima. Pojela je, jedan za drugim, dva sladoleda na štapiću s pralinama i iz kuhinje izišla suznih očiju, gadeći se sama sebi i posebno besna na Stelu. Da ona nije dozvolila Mariji da se vrati kući, nego da je naprotiv naterala da spremi uravnotežen obrok,

Anemona ne bi za nekoliko minuta uništila sve napore koje je uložila da bi povratila liniju koja će se svideti njenom ljubavniku Holanđaninu. Pošto je bogata naslednica izgubila svoju ljubav, jasno je bilo da hoće da je i njena prijateljica izgubi! Ali neće ovo tek tako proći. Anemona će joj se već osvetiti ovako ili onako. Jedno od njenih zadovoljstava je da se sveti, a najveći poklon koji joj možete učiniti je da joj date motiv da se na vas naljuti, i to tako da vam se može osvetiti jednoga dana.

Izlazeći iz kujne, Anemona se pogledala u velikom ogledalu u hodniku. S iznenađenjem je ustanovila da nije za tih nekoliko minuta postala ogromna, suprotno od onoga čega se uvek pribojavaju svi koji prekrše dijetu. Pomislila je, naprotiv, kako dobro izgleda, vitka i pocrnela, i tada joj je pala na pamet pogubna misao: ima *još fore*. Vratila se u kujnu jer je još uvek bila gladna, činilo joj se kao da ništa nije ni pojela. Navalila je, bez reda, na ukusnu ostrvsku ljutu kobasicu, parče hladne pice, nekoliko rotkvica kao izbledelo podsećanje na već udaljeno vreme kada je pazila na težinu, dve šnite sveže šunke i, za kraj, treći sladoled na štapiću s pralinama, sve to zalivajući s nekoliko čaša crnog vina. Izišla je ojađena iz kuhinje, brišući usta nadlanicom, kao da su raskrvavljena. Našla se licem u lice sa Žistinom i Bimbom, savršeno mršavim.

– Već se vraćate s plaže? obratila im se tonom krivca, uverena da još uvek ima mrvice hleba ili ostatke pice ili kobasice u uglovima usana.

– Da, reče Žistina. Preterano je vruće. Gde je mama?

– U svojoj sobi.

– Zar nema ručka?

– Nema, Marija ima neki porodični problem, otišla je kući.

– Dovraga, i to baš ovoga puta kad smo u podne kod kuće. Jadan Bimbo, najzad ćeš probati i moju kuhinju. Šta kažeš na salatu od paradajza sa boranijom i malo limunovog soka?

– Nisam gladan, uzvartio je Bimbo.

– Pazi, nisam ni ja.

Anemona je s mržnjom posmatrala kako se udaljavaju ta dva lepa mlada stvorenja koja nikada nisu gladna. Toliko je bila besna na njih i na sebe da se čak nije ni upitala kakvoj će se to zabavi oni predati u svojoj sobi u ovo doba dana. Odlučila je da se popne do bazena i da otpliva dvadesetsedam dužina, pa makar crkla od toga. Trebalo je da se na nekome osveti, a za sada joj niko nije bio pri ruci osim nje same.

5

– Pa onda, da zovem? upitala je Anemona.
– Kako hoćeš, rekla je Stela.
– Kako ti hoćeš. Šta nas košta?
– Može da kaže ne.
– Ako ga ne pitamo, uopšte mu ne dajemo priliku da kaže da.
– Ti odluči.
– Ja odlučujem još od gimnazije. Preko glave mi je toga! Odlučuj malo sama.
– Ne ide mi od ruke.
– Dobro, pozvaću.

Anemonina osveta Steli će verovatno stići pre nego što je predvidela: Lisjen će ih otkačiti i bogata naslednica će grunuti u suze.

Restoraterka je okrenula broj na mobilnom, broj *Riblje kosti*.

– Tjeri, ovde Anemona.

Tjeri je šef restorana. Anemona ga je pitala kako je prošlo veče. Stela podiže oči ka nebu i reče: "Zabole nas za veče!" Anemona prekri slušalicu dlanom i reče:

– Mene i te kako boli. Ja nisam milijarderka. Ja moram da radim da bih živela.

Klimala je glavom slušajući Tjerija. Veče nije bilo bog zna kakvo: tridesetak posluženih gostiju. Kako je sa rezervacijama za sledeće dane? Osrednje. Za avgust im se loše piše. Trebalo bi neizostavno napraviti dobar članak na stranicama "Turizam ili Umetnost življenja" u nekom visokotiražnom dnevnom listu. Anemona je rekla da će se ona za to pobrinuti.

– Dajte mi Lisjena, molim vas.

Kuvar je upravo bio izišao.

– Pozvaću ga na mobilni.

– Ne znam da li ga je poneo, rekao je šef restorana.

Anemona je prekinula razgovor i otkucala broj Lisjenovog mobilnog telefona.

– Zar nije u restoranu? upitala je Stela.

– Upravo je bio izišao.

– Znala sam da ne treba da ćaskaš sa šefom restorana.

– Molim te, izvini zbog toga, rekla je Anemona ozbiljnim glasom ali sa skrivenom radošću.

Dobila je Lisjenovu automatsku sekretaricu, što nije značilo da kuvar nije imao mobilni kod sebe.

– Lisjene, ovde Anemona. Pozovi me čim budeš dobio poruku. Hitno je.

Prekinula je vezu i spustila aparat na Stelin noćni stočić, kako neku ikonu ili kućno božanstvo. Soba bogate naslednice bila je najveća i najlepša u kući. Jedan prozor gledao je na more, drugi na brežuljak. Veliki krevet za troje u kojem je Stela spavala sama od početka leta. Noćni stočić sa nekoliko bestselera na njemu. Stela je zapalila cigaretu i upitala:

– I šta sada?

– Čekaćemo.

– A ako ne pozove.
– Pozvaće. To mu je dužnost. On je moj službenik. Možda mi treba da bih mu rekla nešto važno u vezi s restoranom.
– Trebalo je odatle da počneš: da mu kažeš da imaš nešto važno da mu saopštiš u vezi s restoranom.
– A šta to, molim te?
– Bilo šta. Izmislila bi.
– A onda, kada ga budem pozvala da dođe ovde, on shvati da sam ga zeznula i ispadnem budala, a u stvari, budala si ti!
Anemonin mobilni je zazvonio.
– Tako brzo! uzviknu Stela očiju zadivljenog deteta.
– To znači da mu je još uvek stalo do tebe. Zbog restorana ne bi zvao istog trena. Shvatio je šta hoću. Svi smo mi pronicljivi, mi u restoraterstvu...
Javila se.
– Lisjene ti si?
– Jesam Anemona. Šta se dešava?
– Stela i ja smo mislile da bi mogao da nam se pridružiš za vikend.
– Ti izgleda ne znaš da Stela i ja...
– Nije reč o tome.
– Ipak jeste, malkice.
– Provešćeš samo vikend ovde i ništa više.
– Ništa više?
– Naravno. To ti treba, veruj mi.
– A *Riblja kost*?
– Može i bez tebe dva-tri dana. I više. Za posao koliko ga za sada imamo. Razgovarala sam sa Tjerijem, ne stojimo najsjajnije.
– Upravo zato, nije trenutak da se napušta brod. A kako da to Dafni objasnim?

Stela je zapalila i drugu cigaretu pokušavajući da preko Anemoninog razgovora nazre Lisjenove reči. To je velika mana mobilnih telefona, pogotovo kada se priprema ženska zavera: nema druge slušalice. Trebalo je da pozovu s fiksnog telefona. Stela je jedva čekala trenutak kada će na istoj liniji moći da se razgovara utroje – učetvoro, kao u bivšim Istočnim zemljama – mada se tamo to ne radi namerno.

– Kaži ženi da treba da se sastaneš sa mnom u Londonu da bismo i tamo proučili mogućnost otvaranja *Riblje kosti*.

– A ako me bude pitala za broj telefona hotela u kojem se nalazimo?

– Rezervisaćemo sobu u nekom hotelu u Londonu. Ti ćeš svaki put biti odsutan, a recepcija će primati tvoje poruke.

– Ko će platiti sobu?

– Stela, mislim. Ili ja... Napravićemo spisak troškova!

Stela je razumela Lisjenovo pitanje preko Anemoninog odgovora, izustila je molećivim glasićem:

– Ja ću platiti.

Ako su već stigli do praktičnih pojedinosti onda znači da je Lisjen odlučio da dođe.

– Je l' ona pored tebe? upitao je kuvar koji je čuo glas svoje bivše ljubavnice.

– Jeste, rekla je Anemona. Hoćeš li da porazgovaraš s njom?

– Neću. Je li dobro?

– Daću ti je.

Stela je odrečno odmahivala glavom; Anemona joj je ipak pružila aparat.

6

Zašto baš on? pitala se. Kuvar! I ona koja ništa ne jede. Ili gotovo ništa. Anemoni je to mnogo išlo na nerve kada bi zajedno odlazile u kupovinu: "A da probamo ovo?" Šta da probamo? Po Anemoninoj teoriji Steli je duvan ubijao apetit. "Pokušaj malo da prekineš s pušenjem i videćeš... – Zašto bih prekidala s pušenjem? pitala bi Stela. – Zbog grla. Sve vreme kašlješ. Na kraju ćeš dobiti rak. Možda ga već imaš." Stela bi govorila da više voli da umre od raka nego da umre debela. "Kada budeš bila na hemoterapiji, možda ćeš promeniti mišljenje." Anemona bi shvatila da je napravila gaf. Upravo je kroz to prošla Stelina majka pre nego što je umrla: hemoterapija. Restoraterka bi se zaustavila ispred izloga i upitala prijateljicu šta misli o nekoj haljini ili o nekom paru cipela. Stela bi u početku odgovarala na pola usta, s blagim izrazom tuge, a onda bi se upustila u raspravu. Kod razgovora o modi posebno je volela što nemaju kraja. O krpicama se moglo razgovarati čitavog života sa istom osobom a da se čovek nikada ne umori.

Ispružena ukoso na svom velikom krevetu, Stela je kroz otvoren prozor posmatrala noć. Ako se sve bude odvijalo kako je predviđeno, Lisjen će biti na ostrvu prekosutra, oko pola tri popodne. Trebalo je ipak da: a) on ne promeni mišljenje;

b) Er-Frans ne bude u štrajku; c) avion ne eksplodira u letu. To su bila tri uslova iza kojih je Stela skrivala svoju radost kao što se skriva plen, ne verujući ipak ni u jedan od njih. Anemona je strašna. Razmrsi sve probleme, organizuje vam život na najbolji način. To je činila još od njihove mladosti: uvek je imala spremljenu laž za roditelje, opravdanje za profesore, spremnu šalu za momke. Sa *Ribljom kosti*, na primer, bacila je gastronomsku kritiku na kolena. Posedovala je ono nešto, a Stela bi je često pitala šta je to. Ova joj je odgovarala: "Ono moje nešto? To je što istinski volim ljude."

Stela se ljutnula što joj je Anemona pružila telefon pošto je ona upravo zamolila da to ne radi, ali je ubrzo shvatila da je Anemona u pravu kao i obično. Kada je prošao trenutak nelagodnosti, bogata naslednica se ponovo smestila u Lisjenovom glasu kao u krevetu, s osećanjem da se ponovo priljubila uz njegovo debelo nago telo, meko i bez mirisa. Izgovarala je rečenice koje su ličile na blago milovanje, a on je njoj odgovarao na svoj grub i rezervisan način, kao muškarac naučen da izdaje naredbe kuvarskim pomoćnicama i takvoj vrsti devojaka. Za nekoliko sekundi ponovo je osetila njihovu intimnost iz Dubajia, gde su proveli četiri dana i Singapura gde su ostali dve nedelje, gotovo ne napuštajući hotelsku sobu. Nije mogla bez ovoga čoveka provesti ostatak života, to je *njen* čovek. Toliko je u to bila uverena, da je mislila da je i on, isto tako, mora voleti, nego da upravo iz inata neće to da joj prizna – da bi je nervirao, kinjio zato što je bogata, ili prosto iz sadizma, onog sadizma tako čestog u svetu restoratera.

– Lisjene? Jesi li to ti Lisjene?

U Stelinim mislima, ovo apsurdno pitanje značilo je: da li je to zaista *pravi* Lisjen – onaj koji je voleo, onaj koji je još uvek voli – a ne onaj drugi, onaj koji je napustio da bi se vra-

tio svojoj ženi, toj Dafni s kojom se sreo u hotelijerskoj školi gde je držao nastavu i s kojom je dobio dvoje dece: Sidneja (kao Sidnej Bečet, jer je Lisjen strastveno voleo džez) i Atinu. Zašto Atina? Stela nije znala. Lisjen nije bio zaljubljenik u antičku Grčku. Verovatno je to Dafnin izbor.
– Dobar dan, Stela. Da li vam je vreme lepo?
– Savršeno.
– Ma nemoj.
– Kunem se.
– Ne. Vreme ne može biti savršeno. Savršena je salata od jastoga – kada je ja napravim. A vreme. Vreme je lepo ili ružno.
– Lepo je, požurila je Stela da se ispravi.
– Da li se dobro zabavljaš?
– Ne. Čekam tebe.
Ćutanje. Još jedna greška, posle onog nesrećnog *savršeno* koje se nije odnosilo na salatu od jastoga koju Lisjen sprema. Guši ga. Kad ona tako navali, Stela je poznavala kuvara, bio je u stanju da prekine razgovor i da otkaže putovanje. Uostalom i Anemoni se na licu pojavio grč. Ona nije čula pitanje, ali to patetično i zadihano "Ne, čekam tebe" učinilo joj se loše.
– Pokušaću da dođem, uzdahnuo je Lisjen.
– Nemoj pokušavati, dođi. Vreme je ovde savr... veličanstveno. Može li vreme biti veličanstveno?
Lisjen se nasmejao i Stelu je smeh oblio zadovoljstvom, gotovo fizičkim. Ona podiže palac prema Anemoni da bi joj naznačila da se stvar dobro odvija. Anemona je pitala gestovima da li želi da ona iziđe iz sobe. Stela je odrečno odmahnula glavom. Lisjen:
– Nisi izgubila smisao za šalu!
Često joj je govorio da voli njen humor. Problem sa Dafne je u tome što nije imala smisla za humor. Fina je devojka, ali

ga nikada nije nasmejala. U tom slučaju, pitala bi Stela, zašto se ne razvede od nje, i zašto se ne oženi ženom koja ga zasmejava? On bi odgovorio da ne može zbog dvoje dece. Stela je shvatila da nije u pitanju samo dvoje nego troje dece, da je on ono treće. Većina muškaraca, govorila bi Anemona, postanu sinovi svojih žena. I zato ih ne napuštaju. Nemaju nikakvog razloga da napuste majku, pogotovo ako s njom ne spavaju. Šalile bi se. Anemona je takođe imala mnogo smisla za šalu. U stvari, Stelin humor bio je kopija Anemoninog – nejasna i nespretna kopija, ali na trenutke efikasna.

Stela se zakašljala.

– Ponovo pušiš, upitao je Lisjen.

– Malo.

– Zar nisi bila prestala?

– Mnogo je teško.

– Jeste, ali je štetno. Narušavaš zdravlje.

– Ljubazno s tvoje strane što se zanimaš za moje zdravlje.

Bila je to nežna ali opora primedba, u kojoj je bilo prebacivanja – *da ga je zaista zanimalo njeno zdravlje ostao bi s njom* – što je pretilo da u Lisjenovim očima postane nešto što prethodi bračnoj svađi koju Stela namerava da mu napravi čim se bude našao na ostrvu.

– Naravno da me zanima tvoje zdravlje. Volim te. Volim te manje nego Dafne, ali te volim.

– Šta treba da učinim da bi me voleo više od nje?

Anemona je nadula obraze, uputila pogled ka nebu i mahnula glavom odrečno. Besna na nju i u isti mah izgarajući od strasti, Stela joj je okrenula leđa.

– To može doći samo s moje strane, rekao je Lisjen. Ti ništa ne treba da radiš.

– Misliš li da će to doći s tvoje strane?

– Ne znam. U svakom slučaju ne ovog vikenda. Suviše je rano. Ako ti više odgovara ostaću u Parizu. Neki moji drugari imaju kuću u Evreu. Otići ću kod njih.
– Ne, ne! Dođi ovde. Evre! Nisi valjda lud?
– A za kartu, kako ćemo?
– Mi ćemo se za sve pobrinuti. Čekaće te sutra ujutru na aerodromu. Avion polazi u jedanaest i četrdeset. Nemoj da ti pobegne, ljubavi moja.

Anemona ju je poslednji put ošinula pogledom, ali Stela za to nije marila. Ova ništa nije razumela od onoga što se dešava između nje i Lisjena, ona u toj stvari nikada ništa nije razumela. To jeste ljubav. Zato je i osetila potrebu da izgovori *"ljubavi moja"*.

7

Prekinula je vezu i vratila mobilni Anemoni.
– I? upita restoraterka.
– Genijalna si.
– Dolazi li?
– Dolazi.
– A posle, pazi: nema grešaka!
– Najbolje je kad se prepustim svojim osećanjima.
– A-uu, pogotovo to nemoj da radiš! Neprijatelj u ljubavi, to su ti osećanja.
– Znam da sam glupa, ali ne toliko koliko ti misliš.
– Ti glupa?
– Samo da mi daš *Riblju kost* na upravljanje, posle petnaest dana bila bi uništena.

Tu se Anemona ponovo setila *Riblje kosti* i posebno predivnog jelovnika koji je Lisjen smislio. Gotovo da nisu ni večerali: testo u pesto sosu i salatu. Čak više nije bilo ni sira! A da i ne računamo kako je Anemona tokom popodneva plivala kao luda u bazenu. Da bi sebe kaznila zbog preterivanja oko ručka, preplivala je bar četrdeset dužina. To joj je probudilo apetit koji Stelini špageti i zelena salata nisu mogli do kraja da umire.

– Imaš li vesti o Mariji? upitala je.
– Gle, nemam. Trebalo je da pozovem danas po podne. Tu sam priču smetnula s uma. Telefoniraću sutra ujutru. Pazi, u kujni ćemo imati Lisjena.
– On nikada ne prilazi šporetu kad je izvan restorana. Nedeljom vodi svoju decu u Mek.
– Nije valjda!
– Kaže da je to čak dobro.
– Kenjator!
– Gledaj, kad je čovek gladan...

U Anemoninoj mašti, ljuskari i riba iz *Riblje kosti* brzo su bili zamenjeni Big Mekom i ogromnom porcijom pomfrita. Koka-kola je bila prava a ne ona smrdljiva *diet Coke* koju je pila tokom godine radi linije.

– Rado bih nešto pregrizla.
– Tek smo ustale od stola!
– Nismo mnogo jele.
– Nije ti se svidelo moje testo u pesto sosu?
– Nije ga bilo za sve.
– Nisam mogla da predvidim da će Žistina i Bimbo ostati na ručku.
– Tvoja ćerka ima vražji apetit.
– Da. S tim svojim izgledom intelektualke, zna da uživa u životu.
– Međutim, tanka je kao prut.
– Šta ćeš, to ti je mladost: jedu sve što im je volja a ne dobiju ni grama.

Od takve rečenice Anemoni je samo moglo da prepukne srce. Kako je Stela mogla da bude tako neoprezna da je izgovori? Bila je kao i ostali: brine samo o sebi. Samo se Anemona bavi drugima. Zar nije upravo spasila Stelin odmor nagovorivši

Lisjena da im se pridruži na ostrvu. Jedina dobit koju iz toga izvlači jesu perfidne primedbe na račun njene težine i njenih godina. Pogledala je svoju najbolju prijateljicu s mržnjom koju ova, utonula u svoje ljubavne snove nije ni primetila.

– Kako da se obučem sutra? upitala je Stela.
– Kako hoćeš.
– Pomozi mi, molim te, Anemona.
– A je l' ti meni pomažeš?
– U čemu da ti pomognem?
– Da sprovedem dijetu.
– Šta treba da uradim?
– Da središ da mi uravnoteženi obroci budu servirani uvek u određeno vreme, što više nije slučaj. Rezultat: moj metabolizam je u revoluciji i crkavam od gladi!
– Idi pojedi nešto.
– Šta? Nema ništa!
– Spremiću testo ako hoćeš.
– To bi za mene uradila?
– Bih, naravno. Jesi videla šta si ti za mene uradila?

Stela se nagnula da poljubi Anemonu. Zagrlile su čvrsto jedna drugu. Stelina šaka ščepala je restoraterku za guzove.

– Šta to radiš? upitala je Anemona.
– Proveravam treba li da izgubiš u kilaži.
– Jesi videla koliko mi je dupe?
– Holanđani vole velike zadnjice. Oni vole Francuskinje, i to znaš zašto? Zato što je debela Francuskinja više Francuskinja nego mršava!
– Zezaš me!
– Zezam.

Stela se nasmejala.

– Prešla sam te, rekla je. – Vidiš da nisam glupa koliko ti misliš.

8

– Slušaj, Anemona...

Pozvao je sa aerodroma Orli-Jug. Odmah je znala da ne želi da dođe na ostrvo. U tom slučaju, zašto li je uopšte dolazio na aerodrom? Zato što je, shvatila je u trenu, pre nego što se našao na aerodromu, imao želju da dođe na ostrvo.

– Ne možeš to da mi uradiš! uzviknula je Anemona. Hoću da kažem: njoj to da uradiš.

– Već je urađeno: avion je otišao bez mene.

– Uzmi sledeći!

– Ima samo jedan dnevno.

– Uzmi sutrašnji. Čak nema potrebe ni da menjaš datum karte, biznis je klasa.

– Ne dolazi mi se.

– Zašto? Sunce je veličanstveno. Kuća, strašna. Potreban ti je odmor. Ove godine si preterao s radom. Ja to najbolje znam. Ona druga zvezdica kod Mišlena nije pala s neba. Plivaćeš, pocrnećeš. Osim toga imaćeš svoju sobu. Ako ne želiš da spavaš sa Stelom, nema problema.

– Nema govora da spavam sa Stelom!

– Upravo ti to i govorim.

– Naša priča je završena.
– Zna ona to dobro. Nema tu nikakve dileme, veruj mi.
– Juče me je nazvala "ljubavi moja"!
– Bilo bi joj samo drago da te vidi. A i meni, isto.
– Ti i ja se viđamo cele godine.
– Viđamo se cele godine u *Ribljoj kosti*, i nigde drugde. Kunem ti se Lisjene: ovo je izuzetno mesto. Obožavaćeš ga. Preklinjem te, dođi sutra. Nećeš zažaliti, obećavam.
– Razmisliću.
– Razmisli. Uzmi slobodan dan. Umoran si. Možda to i ne osećaš jer si po prirodi snažan, ali ja znam. Vidim. Ako ne napraviš malu pauzu, sezonu ćeš započeti u tragičnom stanju.
– Za petnaest dana idem u Grčku s Dafne i s decom.
– To nije ono što zovem mala pauza. Dečurliju ćeš morati da vučeš svuda, popeće ti se na glavu, tata ovde, tata onde. Ovde ćeš biti kao bubreg u loju. Odmorićeš se, opustićeš se. Ne govorim ti više kao prijateljica nego kao gazdarica.
– Gazdarica!
– Da, kao neko ko s tobom radi i ko govori radi tvog talenta – čak bih rekla: genijalnosti, ali ćeš opet gunđati – da bi on mogao da dođe do izražaja i da ga svi – ili bar naj-veći broj ljudi, budimo skromniji – mogu upoznati.
– Dobro. Čućemo se kasnije.
– Čekamo te sutra, je l' važi?
– Nezgodno mi je zbog Dafne.
– Ništa neće saznati.
– Ipak mi je nezgodno, možda još više. Gotovo da bih više voleo da sazna.
– Ne govori joj ništa, molim te. Nema potrebe da komplikuješ stvari.

– Neću joj, naravno, ništa reći. A ako budem ostao u Parizu neću ni imati šta da joj kažem!

Anemona se nalazila na ivici bazena. Još nije bila ni počela sa preplivavanjem dužina. Sinoć je otišla u krevet veoma kasno posle Stelinog testa.

– Razumem te Lisjene, ali te molim da dođeš. Važno je. Meni za ljubav. Sutra ujutru ćemo biti na aerodromu u Palmi, Stela i ja. Ljubim te.

Prekinula je vezu. Olivje Florans, koji se već bio smestio na nekoliko metara odatle pratio je ceo razgovor. Restoraterku je gledao s izrazom lica punim razumevanja. U ruci je držao debelu knjigu o Žan-Mišelu Baskja.

– Reklo bi se da stvari baš ne idu na ruku našoj sirotoj Steli, primetio je.

– Ne baš, ne.

– Lisjen sad ne želi da dođe?

– Pobegao mu je avion. Krenuće sutra. Bar se tako nadam. A sada novost treba da saopštim Steli.

Neka su se kola pojavila ispred kapije *Don Kihota*. Anemona je prepoznala Marijin crveni seat. Ustala je u skoku, gotovo protiv svoje volje.

– Treba da pitam Mariju šta je s njenom sestrom, rekla je.

9

Stela je ušla u kujnu u trenutku kada je, pred razneženim Marijinim pogledom, Anemona tek počinjala da jede pržena jaja sa slaninom.
– Šta je ovo? Tvoj doručak?
Kako su joj usta bila puna, Anemona je zastala da bi odgovorila:
– Trebalo bi i ti da probaš ova jaja! Božanstvena su.
– Nose ih ostrvske kokoške, objasnila je Marija.
– Ostrvska! nadovezala se Anemona. Mislim se da počnem da ihuvozim u Pariz za *Riblju kost*.
– Sada otkrivaš ostrvska jaja, rekla je Stela. A ovamo ih već godinama jedeš svakog leta.
– Nisam dolazila svakog leta, a već nekoliko leta nisam jela jaja. Na primer, ove godine ih još nisam ni probala.
– A u "nica" salati?
– To nije isto: to su tvrdo kuvana jaja. Kad su pržena, osećaš bolje razliku u ukusu u poređenju s francuskim jajima. Razlika je znatna.
– Zar nisi na dijeti?

– Jesam, odgovorila je Anemona saginjući glavu. Ali kada sam ugledala Mariju kako nailazi toliko sam bila zadovoljna da sam joj odmah rekla da mi nešto spremi za jelo.

Stela se okrenula prema ostrvljanki i upitala je da li joj je sestra bolje. Marija je rekla da nije, ali da ona sama ne može da ne radi celog leta, zato se i popela do *Don Kihota*.

– Hrabro s vaše strane, rekla je Stela. Ako vam bilo šta zatreba...

Podižući glavu iz svog tanjira, Anemona je kazala:

– Najbolji američki specijalista za rak jajnika je dalji rođak mog muža.

– Moja sestra ima rak dojke, rekla je Marija.

– Dojke, ponovila je Stela da bi što bolje upamtila, za kasnije.

– On se lakše leči, rekla je Anemona načinjući i treće jaje.

– I da, i ne, primetila je Stela. Anemona, ne bi trebalo da pojedeš i treće jaje.

– A zašto da ne?

– To ti je jaje suvišno.

– Jedno jaje, pa jaja su dijetalna. A onda, jede mi se. Previše emocija sam doživela u poslednjih dvadeset četiri časa. Pa i ovo jutros.

– Šta jutros?

Anemona je bila besna na Stelu zbog primedbe vezane za *treće jaje* koju joj je uputila. Mislila je da se ova mogla uzdržati. Zar Stela ne shvata da je njene uzastopne uvrede vezane za dijetu stavljaju na unutrašnje muke? Ovakvom primedbom Stela kao da sipa so na rane učesnice pokreta otpora koju Gestapo muči. Ovo je zasluživalo kaznu. Anemoni je baš jedna bila pri ruci.

– Lisjen mi je telefonirao.

– Ne dolazi?

Naglo Stelino bledilo kao i grč bola koji joj je iskrivio lice, pričinili su Anemoni zadovoljstvo zbog čega je odmah osetila stid, isti onaj stid koji oseća kada isprazni kesicu bombona ili kada pojede celu tablu mlečne čokolade.

– Krenuće sutrašnjim avionom, rekla je.
– Jesi li sigurna?
– Obećao mi je.

Stela je sela i rekla:

– Gotovo da mi je laknulo što danas ne dolazi. Na pomisao da ga ponovo vidim obuzme me užasna strepnja. Oka nisam sklopila celu noć. Može se ispostaviti da me on više ne voli, a ni ja njega. A šta ako je moje osećanje prema njemu samo nostalgija za srećnim trenucima koje smo zajedno doživeli, posebno u Singapuru i u Dubaiju? A šta opet ako on ima samo želju da ga malo mazimo i pazimo?

– To ti je ljubav: nostalgija za strašću, potreba za nežnošću. Ali ako misliš da je bolje da Lisjen ostane u Parizu, pozovi ga.

– Ne. Zabavnije će biti ako bude došao. Zar ne misliš i ti tako?

– I ja želim da dođe, mada je u početku to bila tvoja ideja. Ali ćeš možda patiti ako se između vas stvari ne budu odvijale kako želiš.

– Ja ništa naročito ne želim.
– Ne govori tako, Stela, molim te.
– Hoću samo da bude tu. Da osetim njegovo prisustvo.
– A zar to nije ljubav, baš to, možda?
– Više ni sama ne znam, kazala je milijarderka sanjalačkim glasom.

Marija joj je poslužila šolju s kafom. Otpila je gutljaj i zapalila cigaretu. Anemona joj je prigovorila što od ranog jutra puši.
– Ponovi to, dobacila je Stela. Prija mi. Imam utisak da slušam Lisjena. Imate istu intonaciju.
– To je od onoliko vremena provedenog u zajedničkom radu. Ali on ne voli žene koje puše. Više puta mi je to rekao.
U kuhinju je ušla Žistina. Na sebi je imala belu majicu i donji deo kupaćeg kostima, isto bele boje.
– Obožavam guzu moje ćerke, rekla je Stela. Bolja je od moje.
– Imaš i razloga, rekla je Žistina. Ista je kao kod moga oca.
– Znam, rekla je Stela. Žeremi je dugo imao najlepšu guzu u Parizu.
– I ja se slažem, mada je nikada nisam dodirnula. Ili, jesam, jednom slučajno, na nekoj žurki.
Studentkinja je sela naspram obe žene. Marija je pitala hoće li kafu. Žistina je odgovorila da je kafa otrov i zatražila je da joj iscedi tri pomorandže i da joj pripremi zdelicu korn-fleksa koju će pojesti bez mleka, jer i mleko je otrov.

10

U hodniku je Martina Florans srela Žistinu dok se vraćala u svoju sobu. Stelina ćerka se nije mnogo promenila od svoje četrnaeste godine. Još uvek liči na onaj izduženi tajanstveni cvet. U toku godine, Martina je uopšte nije viđala, jer Olivje Florans nije ni sa kim hteo da deli – a pogotovo ne sa svojom ženom – svoju ulogu *uslužnog kavaljera* koju je obavljao uz ovu devojku – ali bi se ona svakoga leta pojavila u *Don Kihotu*, ista samo u višem i u tananijem izdanju i uvek s istim, potpunim i pretećim ćutanjem.

Žistina je nosila poslužavnik sa kafom i kriškama hleba namazanim puterom i pekmezom. Martina se pitala da li je to doručak za nju ili za Bimba. Nije verovala da bi Žistina u sobu nosila samo jedan doručak i da ga deli sa onim studentom. Iz toga je izvela zaključak da devojka nosi doručak Bimbu u krevet i da, dakle, po svoj prilici, oni vode ljubav. Žistinina homoseksualnost je poslednjih godina bila jedna od velikih tema razgovora bračnog para Florans. Martina je odlučila da uključi koliko već od danas ovaj novi element. Ipak je htela da bude načisto pa je upitala devojku:

– Je li to doručak za Bimba?

– Jeste. Besna sam zato što sam bila namazala tri parčeta, a Anemona mi je u prolazu zdipila jedno. Međutim, upravo je pre toga smazala jaja sa slaninom!
– A Bimbo je ujutru pri apetitu?
– Jeste. Ne znam zašto.

Ova rečenica je ostavila Martinu u nedoumici. Zar se njome nije podrazumevalo da student ne čini nikakav noćni napor, drugim rečima da ne vodi ljubav sa Žistinom? Osim ako to nije bilo devojačko lukavstvo da se ne bi pogodila istina da Bimbo i ona zaista spavaju.

Martina je u kuhinji s nogu pojela voće vodeći s Marijom razgovor o nabavkama koje je ovoga jutra obavila, zatim se popela do bazena gde se ispružila kraj svoga muža. Anemona je upravo preplivavala bazen uzduž. Čulo se njeno jako i pravilno disanje. Stela je pušila cigaretu gledajući u daljinu.

– Iskrsao je problem, rekao je Olivje.

Martina je odmah pogodila o kom je problemu reč: Lisjen je otkazao. Olivje joj je odgovorio potvrdnim klimanjem glave.

– Zna li se zašto?
– Nije teško razumeti: nije želeo da Stela navali na njega.
– A šta ona na to?
– Vidiš: pali pljugu za pljugom.
– Sirota.
– Anemona kaže da će Lisjen doći sutra, ali ja sumnjam.
– Ne razmem šta to ona nalazi na njemu. Primitivan je. Sećaš li se one večere u vili Monmoransi, kada se podrugivao tvojoj zbirci nameštaja?
– Malo me je zadirkivao, ništa više. Svi su oni šaljivdžije u restoraterstvu.
– Meni se nikada nije sviđao. Više bih volela da ne dođe.
– Ja više volim da dođe, ili će Stela biti užasnog raspoloženja sve do kraja boravka ovde.

Anemona je izišla iz vode. Stela je pogledala iznenađeno.
– Zar već? Nisi napravila ni deset dužina!
– Jutros se osećam nešto tromo.
– To ti je ono treće jaje. Rekla sam ti da ga ne pojedeš.
– Nije to. Sinoć sam legla suviše kasno.
– Žao mi je.
– Nisi ti kriva.
– Jesam, ipak.
– Ja sam ti tražila da mi spremiš testo.
– A pa eto: to je od testa, zato se osećaš tromom. Ne treba više usred noći jesti testo, stara moja.

Anemona je Stelu pogledala s mržnjom. Stalni milijarderkini napadi koji ciljaju na njenu težinu, na njene godine. Brza kazna se nametala. Da bi dobila u vremenu da razmisli, Anemona je upitala Martinu da li je dobro spavala. Ova je odgovorila da jeste. Stela je počela da kašlje.

– Nije valjda da je to ipak onaj tvoj rak? upitala je Anemona.

Zadovoljna, restoraterka se ispružila na ležaljci i zatvorila je oči. Martina je pomislila kako se ova od juče ugojila . Na tu temu napravila je primedbu Olivjeu. On joj je tiho objašnjavao:

– Ne znam šta joj je: ne prestaje da ždere.
– Ima li problema sa svojim dečkom?
– Ne znam. Sa mnom je uzdržana na tu temu. Advokat sam njenog muža.
– Ali si i njen isto tako.
– Jesam: advokat sam i njen i njegov i zato su oboje uzdržani preda mnom, bar kada je reč o njihovim vanbračnim ljubavima.

Stela je ustala i rekla da ide u selo. Hoće li neko da joj pravi društvo? Martina je ustala, a ubrzo se i Anemona povela za njenim primerom. Tri stare prijateljice sišle su stepeništem cvrkućući i kokodačući kao bezbrižne devojke.

11

U kolima je Martina kazala.
– Jutros sam videla kako Žistina Bimbu nosi doručak u krevet.
– Dobro se slažu, rekla je Stela. Zadovoljna sam.
– Moje je mišljenje, rekla je Anemona, da oni ne spavaju zajedno.

Restoraterka još nije bila svarila ono malopređašnje *ne treba više usred noći jesti testo, stara moja*, a njena aluzija na budući Stelin "rak", kad bolje razmisli, nije joj se više činila dovoljnom kaznom za ovakvu jednu uvredu. Stoga joj se svidelo da putem do sela malo muči Stelu na temu Žistine.

– Zašto to kažeš? upitala je Stela.
– Da spavaju jedno s drugim, manje bi se slagali.

Martina se na zadnjem sedištu nasmejala.

– Ne razumem, rekla je Stela.

Vozila je brzo s cigaretom u zubima. Put se blago spuštao prema moru. Martina se sećala one godine kada je Žeremi, Žistinin otac, iznajmio jedrilicu. Ukrcali su se svi i obišli ostrvo. Svi osim Anemone koja je patila od morske bolesti.

– Samijel i ja, objasnila je Anemona, dobro se slažemo: zato što više ne spavamo. Dok smo spavali svađali smo se neprestano. Seks, to ti je rat.

– Da, rekla je Stela. Ali je dobar.
– Olivje i ja spavamo, ubacila se Martina, spavamo i dobro se slažemo.
– Kod vas, reče Anemona, to nije isto: vi ste savršen par.
Martina ponovo poče da se smeje ali je to bio tanušan smeh koji je brzo zamro. Shvatila je da "savršen par" iz Anemoninih usta ima nešto pogrdno. Savršen par to je staromodan par. Martina je imala utisak da svaki put kada je Anemona pogleda misli na nekog ko je staromodan, staromodnu ljubaznu ženu koja joj se sviđa, ali ipak, nepovratno staromodnu, koju ništa – ni novac, ni njen društveni položaj – neće izvući iz tog statusa.
– Mislim, rekla je Stela, da nikada nećemo saznati da li Žistina i Bimbo spavaju. Sama nam to neće reći. A tek on, taj usta ne otvara.
– Sinoć je, rekla je Anemona, zatražio so. Ima lep glas. Malo možda ženskast.
– Uvek zaboravim so kad kuvam, rekla je Stela. To je velika tema koja zabavlja Lisjena.
Nekoliko trenutaka je ostala u sanjalačkoj poziciji. Anemona i Martina su razmenile pogled s uzajamnim razumevanjem.
– Samo da dođe, reče Stela.
– Jutros si, na to će Anemona, htela suprotno.
– Bojim se toga, a to želim.
– To ti je strast: želja nadjačava strah.
– Tako je dobro kad si zaljubljen.
– Trebalo bi to da iskoristiš i da prestaneš da pušiš.
– Čik ostavi!
Stela je bacila napolje do pola popušenu cigaretu.
– Ti si luda! uzviknula je Anemona. Zapalićeš celo ostrvo!
– Sranje! reče Stela.

Pritisnula je kočnicu. Kola koja su išla za njom, džip sa registracijom Monaka – nisu imala vremena da se zaustave. Anemona, koja nije bila zakačila sigurnosni pojas, prva je proletela glavom kroz vetrobran. Martina je slomila rame od udarca u Stelino sedište. Stela je ostala nepovređena. Ugledala je restoraterkino lice celo obliveno krvlju, pomisla da je mrtva i povikala:
— Anemona!
Anemona je napola otvorila oči i upitala šta se to desilo. Zaurlala je kad je ugledala krv na svojim rukama. Nagnula se prema retrovizoru.
— Nemoj da gledaš! rekla joj je Stela.
Na zadnjem sedištu Martina je stenjala držeći se za rame. Rekla je da oseća bol. Stela je izišla iz kola. Videla je kako joj u susret ide visoka mlada tamnokosa žena, i odmah je prepoznala Anetu Bretling, nemačku manekenku.
— *Fi ste ranjeni?* upitala je manekenka.
— Jesu obe moje prijateljice.
— *Posfaćemo boliciju na moj mopilni.*

12

Očekivalo se da avion iz Pariza sleti za deset minuta. Stela je pozvala Anemonu, u bolnici. Restoraterka je upitala glasom s nazalnim prizvukom da li je Lisjen stigao.

– Avion još nije sleteo.
– Samo da on bude u njemu.

Stela je osetila kako joj se srce u grudima otkačilo. Anemona čak nije bila ni sigurna da je Lisjen seo u taj avion! Osim ako ova rečenica nije bila onaj njen način na koji počinje da se sveti Steli zbog nesreće od prethodnog dana, prilikom koje je restoraterka izgubila nos, iako ni to nije bio njen pravi nos.

– Da li te je nazvao? pitala je milijarderka.
– Nije. A tebe?
– Ni mene.
– Trebalo je možda da mi njega pozovemo.
– Nisam imala hrabrosti.
– Ja sam se bavila drugim stvarima.

Stela se zastidela što Anemonu nije ni upitala za zdravlje, što je odmah, brže bolje, učinila.

– Sad će nam stići rezultati, rekla je restoraterka.

Ovim *mi* našla je načina da Steli stavi do znanja da je mogla takođe da upita i za Martinu Florans. Stela se ugrizla za usnu. Očigledno nije ni za šta bila sposobna. Lisjen je za to kriv. Još nije ni stigao na ostrvo, a već je počeo da smeta Steli, da joj zadaje bol.

– A Martina?

– Nemam prava da je vidim, rekla je Anemona zagrobnim glasom. Pitam se zašto. Nadam se da joj se nije desilo ništa strašno.

– Je li Olivje uz nju?

– Jeste. Svratio je da me pozdravi. Nije mu se smanjila ljutnja. Mislim da će pokrenuti postupak protiv tebe.

– Rekao je to i meni juče, u šali.

– Jutros se nije šalio.

– Ne može protiv mene da pokreće postupak: on je moj advokat!

– Besan je. Trebalo bi da ga na neki način smiriš.

– Šta hoćeš da mu uradim? Da mu popušim?

Anemona se nasmejala. Stela je bila zadovoljna svaki put kada bi nasmejala svoju prijateljicu. To je značilo da je izvojevala pobedu nad njom.

– Nije da mu se ne bi svidelo, reče Anemona.

Stela se zapitala da li se šali. Možda i ne. Šta to muškarci u ovim godinama osećaju prema njoj? Verovatno ih nešto kod nje uzbuđuje, nije znala šta. Pomislila je da je to dobar znak, da će verovatno uskoro početi da vodi ljubav. S Lisjenom, ili s nekim drugim. Nije joj se to desilo već pet i po meseci i smatra da je to dugo.

– Ostavljam te, rekla je. Mislim da je avion iz Pariza upravo stigao.

– Bilo bi glupo da je Lisjen u avionu i da se na aerodromu ne nađete.
– Da: glupo.

13

– Stela!
To jeste njeno ime, ali nije Lisjenov glas. A ipak, glas joj je bio poznat. Naravno, pošto je taj čovek poznaje. Okrenula se: Žeremi, u starom belom odelu koje mu je nekada poklonio slavni američki glumac koga je branio pred Francuskim sudom, smešio joj se. Njegov širok osmeh pametan i sentimentalan koji je značio: "Mislim ja na vaš predmet i krajnje sam dobronameran." Stelu obuze užas: da li je njen bivši muž iznenadno odlučio da se iskrca u vili *Don Kihote*, kako je s vremena na vreme znao da učini, da bi ponovo uronio, kako je govorio, u porodičnu, *klanovsku* atmosferu? To bi samo moglo da pokvari njen ponovni susret s Lisjenom.
– Žeremi!
Skočila mu je oko vrata. Priljubili su se jedno uz drugo. Smatrala ga je još uvek lepim – lepšim od Lisjena, naravno – i osetila je zadovoljstvo što se celim telom dodiruju, zadovoljstvo na brzinu, suvo i hladno, ono koje pijan muškarac može da oseti uz prostitutku u kolima usred noći.
– Veličanstveno izgledaš, rekao joj je Žeremi gledajući je pravo u oči.
– Ma ne izgledam, rekla je, očarana.

– Uveravam te: ne stariš.

Nije to dobar znak kada počnu da nam govore da ne starimo. To je znak da starimo!

– Šta radiš ovde? upitala je Stela.

– Ne sekiraj se: ne dolazim da se kod tebe na divljaka nastanim.

– Ne sekiram se. Znaš da si dobrodošao u *Don Kihotu*. To jeste i uvek će biti tvoja kuća. Tu je i tvoja ćerka, bila bi oduševljena da te vidi.

– Odsešću kod prijatelja, ali ću vas obići jednom, dvaput. Je li sve u redu?

– Nije.

Stela je ispričala događaje od prethodnog dana, nadgledajući jednim okom putnike koji stižu iz Pariza. Lisjen se nije nalazio među njima. Opet joj je laknulo. Upitala se da li joj Lisjen, u suštini, pomalo smeta. Ako nije tako, zašto bi je obuzelo to osećanje lakoće i rasterećenja svaki put kada ne bi došao na neki od njihovih sastanaka? Očajanje bi se uselilo u njenu dušu tek posle jednog ili dva sata, slično gustoj magli kada počne da se spušta. Žeremi je slušao Stelinu priču samo jednim uhom. Činilo se da i on ima druge brige. Ima li problema sa svojom novom devojkom? Koja li je sada to? Stela se nije više sećala. Za nju su sve te promene išle suviše brzo.

– Da li te neko čeka? upitala je. Ako ne, ja ću te golfom odvesti do tvojih prijatelja.

– Ne: moraću da iznajmim kola. A zbog koga si ti došla?

– Zbog Lisjena.

– A, Lisjen.

– Zar ga nisi video u avionu?

– Nisam.

Stela je to razumela ovako: ako je kuvar stvarno doputovao tim avionom, Žeremi je imao sedište u ekonomskoj klasi.

Njegove bi brige, znači, mogle biti materijalne prirode. Možda je na ostrvo došao da bi pozajmio novac. Od *nje*? To joj se već događalo. Žeremi je dobro zarađivao, ali je bio nesposoban da upravlja svojim budžetom.

– Nikada mu neću oprostiti što te je povredio, rekao je Žeremi. Ophoditi se tako prema mojoj Stelici. To je zločin! Da se ja pitam, bio bi već u zatvoru, bar na dvadeset godina.

– Da te podsetim: ti si advokat, a ne sudija.

– Pitam se da li sam promašio profesiju!

Nasmejao se, a i ona se nasmejala s njim. Primetila je kako ih svaka treća ili četvrta osoba gleda, neko sa razdraganim, a neko sa zbunjenim zaprepašćenjem već prema prilici. Ljudi su prepoznavali Žeremija. Stela je ponovo osetila fizičku i moralnu lagodnost koju nalazimo u druženju sa slavnom ličnošću. Čovek više nema potrebu da gleda druge pošto oni u nas gledaju – i više sebi ne postavljamo pitanje da li se nalazimo na pravom mestu, u pravi čas, sa pravom osobom, pošto nam svi zavide što smo na tom mestu, u tom času, sa tom osobom. Tu je takođe i zadovoljstvo što ste *izabrani* – ili zadovoljstvo što bar ostavljate utisak da vas je izabrao, što mu iziđe na isto – neko ko je i sam *izabran*.

– Uostalom, rekao je Žeremi, to je tvoj problem.

Reč "problem" izgovorio je sa blagim prizvukom zlobe koji je povredio i uplašio Stelu i malo je ozlovoljio. U šta se to Žeremi meša? Da nije hteo da se ona zaljubi u Lisjena, trebalo je samo, trinaest godina pre toga, da ostane sa njom. Isti je džumbus pravio i sa Patrikom od 1990. do 1998. On je, prema Žeremiju, bio *nedostojan nje*. Za Žeremija nijedan muškarac, osim njega, nije dostojan nje. A suština svega je u tome što je on više neće.

– Ostavljam te. Neću da se pozdravljam s tom bitangom.
– Ako budeš svraćao u *Don Kihote* da vidiš ćerku, bićeš prisiljen.
– Hoće li dugo ostati?
– Ne znam.
– Telefoniraću ti.
– Nadam se!
– Moram priznati da si u super formi. Nikada nisi bila lepša.
– Hvala.

Udaljio se, gipkim hodom vitke i izdužene figure. Za sobom je vukao mala kolica s točkićima na kojima je bio pričvršćen njegov kofer. Steli se odjednom učinilo da joj deluje staro. Međutim, ni on nije stario. To je to, u stvari: biti star znači, ne stariti više.

Tada se pojavio Lisjen s rukama u džepovima. Bio je nizak debeo, poprilično ćelav. Stela nikada nije mislila da je lep, ali joj se toga dana učinio ružan. Valjda zato što još nije ugledala njegove zelene oči i nije čula njegov topao glas. Čim se našao pored nje i čim joj je nazvao dobar dan, ona je skliznula u njegove oči, utonula u njegov glas i shvatila, da će on, kao i ranije, sa njom raditi šta bude hteo, ako uopšte nešto hoće.

– Zar nemaš prtljaga?
– Nemam: vraćam se sutra.

Ovo je bio prvi udarac koji joj zadaje i ona duboko u sebi – a malo i primetno, zadrhta.

– Zar Anemona nije s tobom?

Ispričala mu je sve o udesu, a onda je zaključila:

– Biće joj teško ako se budeš odmah vratio. Potreban si joj.
– Videćemo. Jesi li se daleko parkirala?
– Nisam.
– 'Ajdemo! Najpre ćemo svratiti u bolnicu.

– To ti nije dobra ideja: Anemona ne bi volela da je vidiš u onakvom stanju.

– Jesam li joj potreban ili nisam? Pozvaću je.

Kod Anemone je bila uključena sekretarica, što se dešavalo izuzetno retko. Verovatno je, objasnila je Stela, restoraterka na pregledu. Ima i taj problem s nosem. U svakom slučaju, posete posle podne nisu više dozvoljene. A Olivje Florans će ostati u gradu sve dok Martinu ne bude mogao da vrati u vilu *Don Kihote*. Rekao je Steli da će, ako ustreba, uzeti sobu u hotelu. Sve se dobro uklopilo. Ako ima malo sreće, Žistina i Bimbo su već motorom otišli na plažu i kuća će biti prazna. "Popušiću mu ga u kuhinji", pomislila je Stela. U sobi će ipak biti bolje. U kolima je kuvara uhvatila za ruku. Ljubili su se u kolima u usta i ona mu je pomilovala ud preko pantalona. Bio mu je dignut.

– Možda ovo ide malo prebrzo, zar ne? rekao je.

– Ne, rekla je ona. Ne, ne, ne, ne, ne, ne, ne.

14

– Tvoja soba. Muškarac obično spusti torbu na krevet, ali ti nemaš torbu, pa onda...

Lisjen je seo na krevet.

– Nov je, rekla je Stela. Prošle godine smo ga promenili. Nikada nisam vodila ljubav na njemu.

Nasmejala se. Kako nije imao stvari nije dakle imao šta da sređuje, Lisjen nije znao čega da se uhvati. Stela je sela pored njega, a on je to shvatio kao agresiju. Kao prekid njihovog dogovora preko telefona. Ustao je.

– Da pozovemo Anemonu? predložio je.

– Ona će nas pozvati kada bude dobila rezultate s pregleda.

– Želim da razgovaram s njom.

– Jesi li došao zbog nje ili zbog mene?

– Zbog obe.

– Znači malo i zbog mene?

– Da: zbog tebe i zbog nje.

– Više zbog mene ili više zbog nje?

– Ne znam.

– Ali ja znam: više zbog nje. Priznaj, nju više voliš.

– Šta ti pada na pamet? Zar ne vidiš kakva joj je faca?

– A ni udes je nije mnogo sredio!

Na Stelinom licu se pojavio jedva primetan zlobni osmeh što je Lisjena povredilo. Ljutnuo se na sebe što je ružno govorio o Anemoninom fizičkom izgledu. Istini za volju i o Anemoni i o Steli je mislio da su obe podjednako nikakve. Dafne je, pored ove dve četrdesetače, bila izvor mladosti i lepote. Zašto onda nije otišao kod nje u Sabl d'Olon, gde letuje kod svojih roditelja sa Sidnijem i Atinom? Zato što nije osećao želju da je vidi. Želeo je da vidi Anemonu i Stelu. Nije znao zašto. Možda zato što su ga one zasmejavale, svaka na svoj način: Anemona namerno, Stela nenamerno. A onda, one će se baviti njime, a znao je da bi u Sabl d'Olonu on morao da se bavi s Dafne i decom. Imao je potrebu da se neko njime pozabavi. Anemona je to dobro razumela. Anemona je sve razumela. Kada s njom radi, može da pusti mozak na otavu, Anemona šljaka za dvoje.

Soba je bila okrečena žutom bojom. Pod od belih pločica. Krevet je bio premali za dvoje, a preveliki za jednu osobu. Prekrivač iste žute boje kao i zidovi. Tu je bio i sto s jednom stolicom.

– U ovoj maloj prostoriji, reče Stela, Žeremi je napisao svoju knjigu *Nezavisna Pravda*, u leto 1989. Tada smo već bili razvedeni.

– Nju mi nisi poklonila?
– Jesam. Pročitao si je.
– Nisam. Je li dobra?
– Izuzetna je. Trebalo je da je pročitaš.
– Ne znam da čitam. Zato i zarađujem hleb radom svojih ruku.

Stela je ovu šalu shvatila kao poziv na ljubav, mada Lisjen nikada nije shvatio zašto: ustala je i priljubila se uz njega, isto onako kao sa Žeremijem na aerodromu. Položila je ruku na

njegve guzove. Često mu je ruku stavljala na guzove, dok su bili zajedno. Bio je to neki generacijski štos. Pobeda POŽ[3] -a. Godine 70-e će u istoriji feminizma ostati zabeležene kao vreme kada su devojke počele da stavljaju ruku na guzove mladića.
— Nemoj Stela.
— I ti to želiš.
— Ne želim.
— Digao ti se u kolima.
— To je zbog golfa, uvak mi se to desi u golfu.
— Gade jedan! rekla je smejući se!
Pogledao je u svoj sat, sat marke Blanpen koji mu je Dafne poklonila za četrdeset četvrti rođendan, 3. maja ove godine.
— Zar nije sad vreme ručku, upitao je.
— Recimo da čekamo Anemonu. Zar nisi dobio obrok u avionu?
— Nisam ga pojeo: izgledao je grozno.
— Onda, dođi, predstaviću ti Mariju. Ona je naša kuvarica. Pričala sam joj o tebi. Malo je tužna zato što joj je sestra bolesna od raka. Mislim da su jajnici. Ne, dojka. Jebo te, da l' je dojka? Nikako da zapamtim. Opet ću pogrešiti.

---

[3] Pokret za oslobođenje žena – u originalu MLF (*Mouvement de Libération des Femmes*). (*Prim.prev.*)

15

Veliki beli zavoj pokrivao je Anemonino čelo, nos i jagodice. Lisjen se nagnuo ka njoj da je poljubi. Nalazili su se ispred izlaznih vrata bolnice. Kulinar je blagim poljupcem dodirnuo ugao restoraterkinih usana. Istovremeno je uhvatio za ruku. Stela je s nezadovoljstvom posmatrala ovu majstoriju.
— I, šta je s nosem? upitao je Lisjen.
— Slomljen, reče Anemona. Baš me briga, i onako nije bio moj. Otići ću da mi naprave drugi kad se budem vratila u Francusku. Ovaj mi se nije sviđao. Traje mi je od 1975.g. Kakva me je glad uhvatila! Ovde kuhinja nije kao u Američkoj bolnici.
— Marija nam je za večeru pripremila paelju, rekla je Stela.
— Paelju! uzviknula je Anemona. Obožavam!
— Znam. Zato sam to i tražila.
— Srce si.
Anemona je prišla Steli i stegla ju je u zagrljaj kao u vreme njihovog ranog devojaštva, kada bi se rastajale za letnji raspust. Anemona je odlazila u Dovil, a Stela na Korziku. Kakve li radosti kada su, sa četrnaest-petnaest godina, ubedile svaka svoje roditelje — u stvari je Anemona sređivala stvar, strpljivo i lukavo — da ih puste zajedno, pod površnim nadzorom neke bivše Steline bebi-siterke, u Mediteranski klub u Majami!

– Martina, onda, ne izlazi? upitala je Stela.
Bila je zabrinuta. Mislila je na sudski proces. Pošto je to primenila, i posebno protiv rođene sestre, znala je da je Olivje Florans oružje ubojito. Ako bi se okrenuo protiv nje, lom bi napravio. Osim toga, ako bi izvukao i priču oko bacanja cigarete u travu, Stela bi imala i ekologe na vratu. Na ostrvu su moćni. Život bi joj se pretvorio u pakao.
– Ne izlazi, rekla je Anemona. Rezultati joj nisu dobri.
– Neće valjda umreti?
– Nadam se da neće. Postoji neki drugi problem. Ali Olivje nije hteo da mi kaže koji. Znao je da ću ti reći. To bi mu smetalo u slučaju sudskog postupka.
– Tako ti je rekao?
– Nije, ali sam ja tako shvatila.
– Možda se varaš.
– Nadam se da se varam, jer ako te izvede pred lice pravde, debelo ćeš platiti.
– Znam, uzdahnula je Stela.
– Ne sekiraj se, rekao je Lisjen milijarderki. Neće on to nikada učiniti. Suviše poštuje tvoj novac.
– Nisam baš tako sigurna, rekla je Anemona.
Stela joj je uputila kratak izbezumljen pogled. Restoraterka se zapitala zašto odmah po izlasku iz bolnice, ponovo počinje da muči Stelu. Pre svega, ma šta da tvrdi, žao joj je što je izgubila svoj nos. Nije to bio savršen nos, čak je bio i demodiran, ali ga je, na kraju krajeva, smatrala svojim, i sa simpatijom ga je prihvatila. Drugo, zbog te nove operacije, otići će joj dovraga susret u septembru sa njenim novim ljubavnikom Holanđaninom. Još ga nije telefonom zvala u Hag, učiniće to u toku večeri, ili sutra ujutru. Jedina dobra strana udesa jeste što više nema potrebe da bude na dijeti. Moći će da se razvali od klope!

Ali nešto drugo je mnogo dublje povređivalo. Kada je, silazeći bolničkim stepeništem, ugledala Lisjena i Stelu kako stoje pored golfa, pozlilo joj je. Ispod opuštene ravnodušnosti obasjane suncem s kojom su se obraćali jedno drugom, izgledalo je da se vole. Anemona je, međutim, bila ubeđena da Lisjen ne voli Stelu. Restoraterka se pitala na koga da bude ljubomorna: na Lisjena zato što joj uzima Stelu, ili na Stelu zato što joj uzima Lisjena? Morala je da izabere koga da mrzi. Izabrala je da mrzi Stelu zato što s njom ne radi. Posao je stavljala iznad svega ostalog.

– Ti nećeš da sedneš napred, bar mislim tako?

Lisjen se nasmejao na ironično Stelino pitanje. Ovaj smeh je povredio restoraterku. Kad malo bolje razmisli, Stelin humor je smatrala jadnim. Groteskna i sramna imitacija njenog. Bez reči se smestila na zadnjem sedištu. Bio je to stari golf koji pozadi nije imao sigurnosni pojas. Kao što ga na zadnjim sedištima nije bilo ni u mercedesovom starom modelu. Stela je volela stara kola. Ne ona kola za pravljenje kolekcije, kao Olivje. Ni stare modele. Nego *vremešna* kola.

Lisjen se okrenuo prema Anemoni da bi joj rekao:

– Možda je bolje da sedneš napred, bolje je da imaš pojas nego da budeš bez njega, pozadi.

– Nos mi je već slomljen.

Lisjen se namešio i ponovo je uzeo za ruku. Reklo bi se da kuvaru ljudi nešto znače samo kada ih snađu nevolje. Inače ih ne primećuje, osim kada treba da se razdere na njih kad naprave neku glupost, pogotovo u kuhinji.

16

Žistina je gledala Lisjena kako jede. Mrzela je svaki njegov pokret. Nije podnosila njegov mlitav glas koji bi u jednoj sekundi ogrubeo kada se iznervira. Ni njegovu preterano okruglu facu serijskog ubice na kojoj su mu lepe oči izgledale kao da ih je od nekoga uzeo – ukrao! – verovatno od neke od svojih žrtava. Pored njega, Stela je delovala sva rasplinuta od divljenja i obožavanja. Jedva da je liznula Marijinu paelju dok je, naprotiv Anemona bez ustezanja trpala u sebe hranu, tako da je čak i zavoj umrljala. Žistina nije shvatala kako njena majka može da voli nekoga koji je sušta suprotnost Žeremijeva, čak i u fizičkom pogledu. A o *političkom planu*, izlišno je govoriti. Sto posto homofob! Protiv Mastrihta, evra. Fašista u osnovi. Žistina je osećala da je nju od prvog njihovog susreta svrstao u kategoriju *lezbos-intelektualka-levičarka* i da je istog časa, zbog toga, nestala sa horizonta. Sa njegovog horizonta. Njegovog ograničenog horizonta vedete među šerpama. Za vreme Okupacije, sigurna je bila, da bi on nastavio da kuva za nacističke oficire. Nije podnosila što vidi Stelu kako dodiruje Lisjena, naslanja svoje rame uz njegovo, kako se smeje na najmanju njegovu ironičnu primedbu, kako mu nudi vino, so, hleb, još paelje. Njena majka nije imala nikakvu političku svest. Osim sopstvenog zadovoljstva, ni za šta drugo nije marila. A ovo čak nije ni zadovoljstvo. Žistina bi zadovoljstvo još i poštovala. Zadovoljstvo je plemenito. Stvar zbog koje se Stela prostirala, ponižavala pred Lisjenom, bila je nedostojna, groteskna, smrdljiva *sreća*. Stela je htela da bude srećna i toliko je glupa da veruje da će to postići sa Lisjenom.

– Marija je napravila previše paelje, rekla je Anemona, već spremna da svoju proždrljivost stavi kuvarici na dušu.

– Mislila je da će Martina i Olivje večerati s nama, rekla je Stela.

Upitala je potom Lisjena šta misli o jelu. On se namrštio i rekao da paelja nije *jelo*.

– Pa šta je onda? upitala je Žistina.

Stela je pogledala u svoju ćerku primetno uznemirena. Znala je za neprijateljstvo koje od početka njene veze sa Lisjenom Žistina gaji prema kulinaru. "Prezireš ga, govorila bi ćerki, zato što nije intelektualac kao tvoj otac i tvoji prijatelji." Žistina bi odgovarala da je odvratno to što joj govori, pogotovo njoj koja se godinu i po dana aktivno založila u Borbi radnika. Napustila je organizaciju kada je Arleta Lagilje nije pozvala na glasanje za Širaka u drugom krugu predsedničkih izbora 2002.

– Jelo mora da se pravi po nekim pravilima, rekao je Lisjen, a paelju priprema svaki kuvar na svoj način. To je svaštarnik, kao i pica.

– Čitvu večnost nisam jela dobru picu! uzdahnula je Anemona.

– Tu postoji samo jedan način, rekao je Lisjen odlučnim glasom: da odeš u Italiju. Ili da ti je ja napravim!

Anemona i Stela su se nasmejale. Žistina nije videla šta je tu smešno. Nije više mogla da izdrži takve priče za stolom koje, kako izgleda, oduševljavaju njenu majku i Anemonu. Ustala je i rekla da ona i Bimbo imaju sastanak u gradu. Bimbo je pogledao ne shvatajući, a onda je razumeo da se njoj žuri da napusti prostoriju pa je i sam ustao. Žistina je rekla da će uzeti golfa.

– A ako mi budemo hteli da iziđemo? požalila se Stela. Lisjen će možda želeti da vidi ostravo *by night*.

Kuvar je odmahnuo glavom.

– To može da sačeka, rekao je.

Stela je zaključila da će on ostati u *Don Kihotu*, mnogo duže nego što je rekao i lice joj se zarumenelo od zadovoljstva, što je kao prizor njenu ćerku prenerazilo i od čega joj se zgadilo. Uzela je Bimba za ruku i izišli su. Ostavši da sede za stolom, Lisjen, Stela i Anemona su se međusobno pogledali. Osećali su se ostarelim, pogotovo Anemona, zbog svog zavoja i zbog ona tri-četiri kilograma koje je dobila u poslednjih nekoliko dana. Stela je Lisjena pitala hoće li sira.

– Šta podrazumevaš pod sirom?

– Ovaj domaći. Kod dobavljača inostranih proizvoda ima kamambera, ali nisam stigla da ga nabavim. Otići ćemo sutra.

– Ja nisam više gladan.

– A kaficu?

– Neću. Zašto se uvek kaže *kafica*, a ne jednostavno *kafa*?

Pitanje se uglavnom odnosilo na Anemonu koja je podigla pogled ka nebu, što se zbog zavoja jedva primetilo. Stela je rekla da odlazi u svoju sobu jer je umorna. Anemona i Lisjen su je pustili da iziđe iz kuhinje i nisu reagovali. Restoraterka je pomislila da Stela pokušava da izazove čežnju, a kulinar nije baš ništa pomislio. Stela je mogla da ide tamo i ovamo do mile volje, po celoj kući, kod njega to nije proizvodilo ni vruće ni hladno.

– Jesi li malo možda oslabila? upitao je Lisjen Anemonu.

– Naprotiv: postajem ogromna.
– Nije ni čudo, sa svim onim što poklopaš.
– Upravo si rekao da sam oslabila!
– Kad te bolje pogledam, primećujem da nisi. A taj zavoj, hoćeš li ga dugo još nositi?
– Dok ne dobijem novi nos.
– Zar toliko?
– Stela me je udesila!

Anemona je ustala i otvorila vrata od kuhinje da bi proverila da iza nema nikoga, zatim ih je zatvorila i vratila se da sedne.

– Zar ona prisluškuje iza vrata?
– Ko zna? Pa?
– Šta pa?
– Kako se odvijaju stvari, među vama?
– Dobro. Ne navaljuje previše.
– Noćas će se to možda promeniti.
– Neće se valjda tek tako pojaviti u mojoj sobi!
– A zašto da ne? Platila ti je kartu, stari moj. Očekuje da ćeš joj uzvratiti u naturi.
– Šališ li se?
– Ne sasvim. U stvari, pojma nemam. A onda, sve mi je jedno. Radite šta hoćete, i jedno i drugo. Slobodni ste. Punoletni i vakcinisani. Jesi li siguran: nećeš "kaficu"?

Lisjen je rekao da kad bolje razmisli, rado bi popio jednu. Pripremanje "kafice" otvorilo mu je perspektivu dugog razgovora u četiri oka sa Anemonom što je posebno voleo u *Ribljoj kosti*, kada bi otišao i poslednji gost. Anemona je jedina osoba kojoj se poveravao, pred kojom je otvarao srce. Restoraterka je znala o njemu deset puta više od njegove rođene žene, Dafne. Stekao je naviku da vodi razgovore sa njom i shvatao je da je razlog što je prihvatio da dođe na ostrvo delimično i rezultat želje da se to ponovi posle dvonedeljnog prekida. Dolazio je polako do saznanja da mu Anemona postaje neophodna, što ga je činilo, dok je tako sedeo sam za okruglim stolom prepunim ostataka ogromne paelje koju je Marija spremila, duboko zamišljenim.

17

– Mogu li?

Pokucala je na vrata i provukla svoju plavu glavu kroz otvor. Ležeći nag na krevetu, on je klimnuo glavom. Anemona je bila u pravu: sada je kuvan i pečen. Anemona je uvek u pravu. Biti kuvan i pečen: nasmejao ga je ovaj izraz primenjen na kuvaru. Stela je rekla smešeći se:

– Dugo ste se zadržali u kuhinji, Anemona i ti.

– Mnogo volimo kuhinje. To je naš svet.

– Jeste li pričali o meni?

– Naravno.

– I šta ste rekli?

– Gomilu lepih stvari.

– To bi me čudilo: Anemona se još nije odljutila na mene zbog nosa. Međutim nisam ja kriva što ona nije stavila pojas.

Stela je kružila po sobi. Lisjen je osećao da ona ne sme da sedne na krevet ali da neće da sedne ni na stolicu, prema njenoj proceni suviše udaljenu od kreveta. Očekivala je neki znak od kulinara a on je čvrsto odlučio da joj ga ne da. Ovo noćno upadanje mu se nije dopadalo i zakleo se da će ga skupo naplatiti milijarderki.

– Nemoj tako: kada je reč o nosu, ona je *cool*. Napraviće joj drugi, i, gotovo.
– Jesi li video koliko se ugojila?
– Mislim da joj dobro stoji.
– Smeta li ti ako zapalim u tvojoj sobi?
– Zašto bi mi smetalo? U stvari, da, smeta mi.
– Izvini, mnogo mi se puši.
Upalila je cigaretu. Đubre od gazdarice, pomislio je. Jasno mu stavlja do znanja da je u svojoj kući. Da ona određuje pravila. Nakašljala se, čemu se on u sebi obradovao:
– Jesi li bila kod lekara? upitao je umilnim glasom.
– Nisam. Zar bi trebalo?
– Ne sviđa mi se taj kašalj.
– Trebalo bi da prestanem s pušenjem, ali ne mogu.
– Bila si prestala, zar ne?
– Jesam. Na početku kada smo se upoznali. Devet dana.
– Imao sam utisak da je bilo duže.
– Meni je izgledalo dugo.
Lisjen je prstom pokazao na Stelinu cigaretu.
– Pašće ti pepeo na pod.
– Sobarica će obrisati sutra.
– Bojim se da ću na to zgaziti u toku noći.
– Jesi li mesečar?
– Dešava mi se da ustanem da mokrim.
– Problemi sa prostatom?
Ona se nasmejala da bi podstakla njegov smeh. Nikada nije trebalo da joj kaže da mu se sviđa njen humor. Doduše jeste ga zabavljala, ali najčešće onda kada za to i ne zna. A osim toga, sada, Stela nije bila uopšte duhovita, jer je zaista imao problema s prostatom.
– Ne, ali počinjem da kuburim sa snom.

– Mogu li da se na trenutak ispružim pored tebe?
– Da bi radila šta?
– Ništa, obećavam.
– Tako se kaže.
– Hoću samo da se ispružim pored tebe. Potrebno mi je. Inače neću moći da zaspim cele noći. Toliko sam srećna što si ovde, a opet, toliko očajna što je naša priča gotova.

Sama kaže da je njihova priča gotova, i to ga je umirilo. Pomerio se na ivicu kreveta, a ona je legla preko čaršava. Srećom da je bila obučena inače bi legla ispod čaršava. Upitala ga je da li može da položi glavu na njegovo rame. Rekao je da može. Kada je ugledao njeno dečje lišce priljubljeno uz sebe, ponovo je pomislio na noći u Dubaiju i u Singapuru. Možda je i Stela na to pomislila, jer je počela da plače.

– Oprosti, rekla je.
– Ma ne, oprosti ti meni. Nije trebalo da dolazim. Anemona me je prešla.
– Anemona nas sve pređe.

Poljubila je Lisjena u vrat.
– Nemoj, Stela.

Uvukla je ruku ispod čaršava. Kulinarov ud bio je potpuno skvrčen. Samom Lisjenu se učinio manjim nego obično, a telesna toplota u njemu bila je ispod temperature u ostalom delu tela.

– Stela!
– Zar ne želiš?
– Vidiš valjda da ne.
– Ja želim.

Lisjen je pomislio, da je žensko predao bi se. Pitao se koliko se devojaka od svih onih s kojima je spavao, tako predavalo.

– Žao mi je, rekao je.

– Ma ne, nije važno. Toliko mi je drago što si ovde. Ne možeš da zamisliš. A i to je zahvaljujući Anemoni.

– Ima ona i svoje dobre strane.

– Ponekad sam rđava prema njoj. Ljubomorna sam što je duhovita. Ona meni zavidi na novcu. Stare drugarice. I prastare drugarice. Misliš li da bismo morale da prekinemo, ona i ja.

– Ne.

– Ako bismo prekinule, da li bi ti bio na njenoj ili na mojoj strani?

– Na njenoj.

– Onda bih vas se u isti mah oslobodila oboje! Razmisliću o tome.

Ustala je u skoku i izišla iz sobe ne rekavši Lisjenu ni laku noć. Njega je za to savršeno "bolelo uvo". Ugasio je svetlo, zatvorio oči i zaspao.

18

– Nećeš se valjda kupati sa tim zavojem!
– A zašto da ne? Puna tri dana nisam plivala svoje uzdužne krugove u bazena. Posle onolike paelje koju sam sinoć pojela, treba da skidam.
– Ne možeš tako! Već ti je zavoj odvratan, još ćeš ga i vodom pokvasiti. Biće užasan!
– E baš velika šteta! Otići ću sutra ili prekosutra da mi promene zavoj. A osim toga, treba da se vidim s Olivjeom. Izgledao mi je nekako čudno, kada sam napuštala bolnicu.

Anemona je oprezno sišla niz male lestvice u bazenu, pod sumnjičavim Lisjenovim pogledom. Stela još nije sišla iz svoje sobe. Nije se pojavila za doručkom. Kulinar je mislio da je možda na njih ljuta. Bilo mu je svejedno, osim što mu se – kako je Anemona i predvidela – kuća zaista svidela i što mu se, na kraju krajeva, ostaje nekoliko dana. Jutros je pozvao Dafne u Sabl-d'Olonu i rekao joj je da se sa Anemonom nalazi u Londonu. Onda je telefon pružio restoraterki a ova se upustila u sjajan opis Londona leti, i pogotovo tog mesta na kojem su Lisjen i ona imali nameru da otvore "englesku" *Riblju kost*. Naravno to se dešavalo u trenutku kada je Marija našla sa sobaricom da povede razgovor na španskom, Dafne je upitala šta se događa, a Anemona je morala da objasni da uzimaju poslugu za svoj novi restoran, i da među kandidatima ima mnogo Filipinaca i Filipinki.

Na kraju prve dužine, Anemona je napravila pauzu. Rekla je Lisjenu da joj ovo teško pada zato što nije trenirala, a pogotovo zato što s naporom drži glavu izvan vode.

– Nemoj insistirati, rekao joj je Lisjen.
– Čekaj, nadoknađujem izgubljeno.
– Nije pametno. Osim toga, nisam siguran da je dobro da se kupaš u hladnoj vodi posle šoka koji si pretrpela.
– Misliš?
– Naravno. Bar pozovi lekara i pitaj ga.
– Taj lekar me nervira. Uopšte nije bio zainteresovan za mene. Sve vreme je proveo uz Martinu. Ajde, idemo opet!

Ponovo je počela da pliva, ukrućenog potiljka, usta nalik na kokošji šupak da bi bolje udisala i izdisala. Posle nekoliko zamaha, odmahnula je glavom i rekla da ne može više. Ostatak razmaka prešla je hodajući: bila je u onom delu bazena gde se može stajati na dnu. Disanjem je proizvodila buku kao iz železare. Kada se pojavila u vlažnom kupaćem kostimu, Lisjen je pomislio da je maltene debela. Ako bude tako nastavila imaće muke da uđe u svoju garderobu s početka leta, moraće da kupuje druge stvari. Pitao se u kojim će buticima naći svoj novi broj, jer na ostrvu su se sretale samo manekenke ili visoke lolite.

– Pre četiri dana, uzdahnula je Anemona, prelazila sam dvadeset i jednu dužinu. Sada ne uspevam čak ni dve. Kakav pad! A onda i ova glad, evo sada, glad neprekidno osećam. Muka mi je od gladi. Nećeš mi verovati, ali već sat i po, znaš li na šta mislim? Na jučerašnju paelju.

– Zar je još ostalo?

– 'Ladno, još jedan dobar tanjir.
– Mislio sam da si je dokrajčila.
– Nisam. Bila je dobra, a?
– Pa..., jeste. Šta nam Marija danas sprema?
– Ne znam, rekla je Anemona. Idem da vidim.
Podigla se poletno što je bilo daleko od tromosti s kojom je izišla iz vode. Lisjen se upitao ide li da završi paelju. Verovatno da da. Kao i sva prosta jela – supa s mesom i povrćem, pica, sveže usoljeno svinjsko meso sa sočivom – i paelja je bolja kada je hladna.

Na stepeništu Anemona je srela Žistinu. Stelina ćerka imala je na sebi jednodelni kostim za kupanje s pareom opasanim nisko oko kukova. Lisjen nije razumeo zašto, od prvog dana otkako ga je videla, "duva" protiv njega. Možda je ljubomorna zbog majke. Ili je njegova međunarodna slava velikog šefa čini stidljivom. Međutim, uz svog oca advokata, naviknuta je na slavne ljude. Ni Žeremi nije mnogo mirisao Lisjena. Niko ga ne voli u ovoj porodici. Pitao se zašto. Ostavio je Stelu, pa šta onda? Je li bilo zabranjeno ostaviti nekoga?

– Kako si Žistina?

Nije odgovorila. Pomislio je da možda nije čula. Prostrla je peškir preko ležaljke najudaljenije od Lisjenove, ali to i nije bilo na tako velikoj razdaljini. Ponovio je:

– Kako si Žistina?

Ona je sačekala da prođe nekoliko sekundi pre nego što je odgovorila:

– Dobro, zahvaljujem.

Zatim je otišla do bazena i zaronila. Noge su joj bile savršene. Noge njenog oca kako je Stela često ponavljala Lisjenu. Žistina je tri puta uzdužno preplivala bazen i izišla je iz vode.

Lisjen je gledao smešeći se ljubazno. Ispružila se na svojoj ležaljci i zatvorila je oči. Smišljao je šta bi joj rekao, ali je osećao da ona nema ni najmanju želju da razgovara s njim. Za nju je on svakako stariji gospodin, mada je tri godine mlađi od njene majke. S olakšanjem je ugledao Anemonu kako izlazi iz kuće i kako se penje prema bazenu. Rekla je da za ručak imaju punjeni paradajz.

– Punjen čime? raspitivao se Lisjen.

Anemona je rekla da nije pitala. Videla je Stelu i učinilo joj se da je odlično raspoložena. Milijarderka je nameravala da se spusti do grada da obavi nekoliko kupovina.

– Pitaće te da ideš s njom.

– Neću, sasvim mi je dobro ovde.

– Budi ljubazan, idi.

– Zašto?

– To će joj učiniti zadovoljstvo. Pomalo moraš i da joj ugađaš. Ali, moj ti je savet: veži sigurnosni pojas.

Pogledali su se i nasmejali. Anemonin zavoj bio je još umrljaniji nego malo pre. Dokaz da je restoraterka iskoristila svoj kratki boravak u kuhinji da dovrši jučerašnju paelju, pomislio je Lisjen.

19

Dok je ulazila u auto rekla je kulinaru da je odlučila da prestane da puši za volanom.
– Nije loše, zar ne? upitala je.
– Bar je oprezno.
Vezao je pojas. Vozili su se kroz prirodu. Vazduh je bio vreo. Uputili su se pravo ka jugu. Sunce je Lisjenu zaslepljivalo oči. Stela je rekla da će mu kupiti naočari za sunce. Šta mu drugo još treba? Sve, rekao je. Setila se da se od prethodnog dana nije presvukao i upitala ga je kako to podnosi. Ona svakoga dana mora da se presvuče, pa čak i po dva puta dnevno.
– Kod nas restoratera, rekao je Lisjen, to nije isto: mi smo prljavi.
Stela se nasmejala i uzela Lisjenovu ruku.
– Lepo mi je s tobom, rekla je. Prelepo. Moram da budem s tobom.
Pustila mu je ruku, bolje nego da je sam izvuče, pomislila je.
– Kako mi se puši! rekla je.
– Nismo valjda daleko.
– Nismo, stižemo. Sviđa li ti se moje ostrvo?
– Mnogo.
– Ovde bih volela da živim s tobom.

– Za to bi trebalo da budemo u vezi.
– Mi jesmo u vezi. Niko nije vezan više od nas dvoje. Vezani smo, znam. Ništa neće moći da nas rastavi.
– Rastavljeni smo.
– Nismo. Znaš dobro da nismo. I sam to osećaš. Zar ne osećaš?

Stela je shvatila da gomila greške, ali nije mogla da se zaustavi. Trebalo je da i Anemona pođe. S njom se sve bolje odvija. Čak bi i Lisjen bio boljeg raspoloženja. Bio bi otvoreniji. Svi troje bi proveli prijatne trenutke, na pijaci. Lisjen je voleo prijatne trenutke. Opuštaju ga. Bio je pod silnim pritiskom u *Ribljoj kosti*.

– Ne, Stela, ne osećam to. Ali srećan sam što sam došao i računam da ostanem duže nego što sam predvideo.

Nasmešila se i ponovo ga je uhvatila za ruku koju nije ispuštala. Ovoga puta je, dakle, on izvukao. Pogledali su se nežno kao da se jedno drugome izvinjavaju, ona zbog navaljivanja, on zbog uzdržanosti.

– Trebalo bi da odemo i ka severnoj strani, rekla je Stela. Ima predivnih plaža.
– Nisam lud za plažama.

Nasmešila se. Ni ona nije "luda za plažama". Stvoreni su jedno za drugo. Trebalo je da ova stvar sa njima krene. Suviše bi bila nesrećna ako ne krene. Umrla bi zbog toga. A za milijarde njene majke, za njih apsolutno nije marila. Ljubav je htela. I sreću. *Ništa više*.

– Zar se ne plašiš da će Dafne na kraju početi nešto da sumnja?

Rečenica koju nije trebalo da izgovori. Lisjenu govori o njegovoj ženi u trenutku kada se između Stele i njega rađa saučesnički odnos kakav su osećali samo u Singapuru i u Dubaiju!

Ugrizla se za donju usnu, a onda i za gornju. Nije znala kako da ispravi gaf. Anemona bi znala da je ovde. Zašto nije ovde? Zato što Stela nije ni tražila od nje da pođe. Pogrešila je.

– Anemona drži pod kontrolom dosije Dafne, rekao je najzad Lisjen gledajući prema suprotnoj strani puta.

– Onda mi nemamo šta da brinemo.

– Baš ništa!

Uhvatio je za ruku. Pomislila je da sanja. Ako je Lisjen uhvatio za ruku nekoliko sekundi pošto je izgovorio ime svoje žene, to je dokaz da voli, nju, Stelu, i da će ostati sa njom. Oči su joj se zamaglile od emocija. Nije videla crveni skuter koji joj je dolazio s desne strane na raskrću. U poslednjem trenutku naglo je okrenula volan nalevo i tresnula u trotoar. Skuter čiju su škripu kočnica Stela i Lisjen čuli, skliznuo je niz kolovoz. Lisjen je otkopčao pojas i izišao iz kola. Stela je ostala skamenjena za volanom. Vozač skutera bio je mladi Majorčanin koji, srećom, nije bio golih nogu, inače ne bi više imao kolena. Nosio je kožne pantalone i, zahvaljujući njima ostao je neokrznut, za razliku, naravno, od pomenutih pantalona. Lisjen ga je upitao koliko košta odeća i dao mu je duplo od naznačene sume, u dolarima, da bi Stelu poštedeo novog uviđaja. S tom učestalošću, milijarderki bi, na posletku, nadležni na ostrvu oduzeli dozvolu! Dečak je novac strpao u džep, ponovo se popeo na svoj skuter i nestao. Lisjen se vratio ka kolima. Otvorio je Stelina vrata.

– Ja ću sesti za volan, rekao je. Mislim da je tako bolje.

– U pravu si, tako je bolje.

Ustupila mu je mesto, obišla oko golfa i smestila se na putničkom sedištu, kao da mu je supruga.

20

– Pa, šta kažeš na punjeni paradajz? upitala je Anemona, punih ustiju.
– Dobar amaterski rad, rekao je Lisjen, brišući usne papirnatom salvetom.
– Kad biste pet minuta prestali s tom svojom nadmenošću, predložila je Žistina glasom koji je siktao od mržnje.
– Žistina! viknula je Stela.
Sedeli su za ručkom pod svodom senika. Lisjen je potapšao Stelu po ruci, što je trebalo da znači da ne mari ništa, da je Žistinina agresivnost za njega nešto s čim se može izići na kraj, da je sve pod kontrolom. Milijarderka je duboko uzdahnula. Lisjen je ponovo *dodirnuo*. Od udesa, nije prestajao da je dodiruje rukom. Na pijaci je uhvatio za mišicu, za potiljak. Oko struka, isto tako. Samo, odbio je da i ona uđe s njim u kabinu kada je probao kupaće gaćice i šorc.
– Žistina je u pravu, rekao je Lisjen. U svemu što je vezano za kuhinju sklon sam da pokažem svoju nepopustljivost. Dobro je da mi neko na to skrene pažnju. Hvala, Žistina.
– *You're welcome*, rekla je devojka.
Lisjen nije govorio engleski ali ga je dovoljno razumeo da bi znao da *welcome* znači "dobrodošao".

– Lepo s tvoje strane da mi poželiš dobrodošlicu, rekao je.
– *You're welcome* ne znači "dobro došao", ispravila ga je Žistina, nego "nema na čemu". Zar vam ne smeta u vašoj profesiji što ne govorite engleski?

Lisjen se nasmešio i rekao da mu smeta. Zatim se izvinio Steli i Anemoni, ustao, i ušao u kuću. Milijarderka se obratila svojoj ćerki:

– Žistina, upozoravam te: ja to neću trpeti.
– Šta, to?
– Taj prostakluk prema čoveku koga volim.
– Čovek koga voliš? Njega zabole ona stvar za tebe!
– Zabranjujem ti da tako s njim razgovaraš, i da sa mnom tako razgovaraš. Ako ne budeš promenila svoje ponašanje, idi iz ove kuće i završi letovanje na nekom drugom mestu, gde god hoćeš. Bimbo, vi možete ostati: vama nemam šta da zamerim.

Mladić je sagnuo glavu, a lice mu je postalo još bezizražajnije nego obično.

– Ti me teraš iz sopstvene kuće zbog tog tipa? prosiktala je Žistina okrećući se ka majci.
– On nije tip. On je Lisjen!
– Ko je taj Lisjen?
– On je jedan od najvećih evropskih kulinara.

Anemona, podižući nos – ili, ono malo nosa što joj je preostalo – iz svog drugog po redu tanjira punjenih paradajza – smatrala je Lisjena nepravednim zato što je po njenom mišljenju jelo bilo bolje od *dobrog amaterskog rada*, potvrđivala je glavom.

– Izvinićeš mu se, rekla je Stela ćerki.
– Da se izvinim? Što sam ga pitala da li mu ne smeta što ne govori engleski? Je l' se ti to meni rugaš!

– Ni slučajno. Ja doživljavam u ovom trenutku važne dane za mene, za moju budućnost...
– Tvoju budućnost...
– Da, zato što i ja imam neku budućnost. Još mi nije ni pedeseta! Ponekad se upitam za koga me smatraš. Kao da mi je osamdeset godina?
– Tvoja budućnost sa Lisjenom?
– Da.
– Da nećete da se venčate?
– Možda. Imaš li nešto protiv?
– Imam.
– Zašto?
– Zato što te on ne voli!

Anemona je progutala parče hleba s kojim je pomazala tanjir, otpila je dug gutljaj belog vina – belo hladno vino, suvo, kiselo sa ostrva, koje je trebalo piti veoma rashlađeno, gotovo ledeno – i rekla da ona ne bi bila tako kategorična kao Žistina kada je reč o Lisjenovim osećanjima prema Steli. Ona misli da kulinar voli njenu prijateljicu ali da to još ni sam ne zna.

– *Bullshit*! izlete Žistini, što je uvredilo restoraterku.
– Ja mislim, rekla je Stela, da on to zna, ali da odbija sebi da prizna.
– To ti dođe na isto. Šta ima za desert?
– Ispred tebe je: voće.
– Zar Marija nije jutros napravila neki kolač.
– To je za večeras.
– A je l' tako.

Žistina je ustala. Majka je upitala kuda ide.
– Na bazen. Treba li da platim?
– Ne. Izvinićeš se Lisjenu i pomirićete se.

– Mama, sigurno je u svojoj sobi. Neću valjda ići u *njegovu sobu* da mu se izvinjavam.
– Zašto? Koliko znam tebe uopšte ne zanimaju muškarci.
Žistinine oči su se zaokruglile, a s njenog lica je potpuno nestala boja. Svi su osetili – gotovo da je to proizvelo šum sličan pucketanju prstiju ili gužvanju hartije – da se nešto slomilo u njoj. Sve, možda. Htela je da zaplače, ali joj nije pošlo za rukom. Plakala je, usne su joj podrhtavale. Ustala je od stola, ušla je u kuću trčeći, kao posramljena devojčica koja ide da sakrije svoju tugu.
– Preterala si, rekla je Anemona.
– A ti prestani s tim bananama! uzviknula je Stela. To ti je već treća!
– A raspoloženje ti je...
Stela će na to misleći na Žistinu:
– Opet me ljuti. Sve je učinila da stvar između Lisjena i mene ne uspe, od prvog dana. Sa Patrikom je bilo isto, ali je bila mlađa i njene su reči imale manju težinu. Sada neću pustiti da radi sa mnom šta hoće. Imam pravo da živim! Niko me neće u tome sprečiti, čak ni ona!

21

Kada je neko zakucao na vratima, spavao je. Ispod senice mu je bilo pretoplo. Ovo ostrvsko vino nije baš naročito. Kulinar se odvikao od loših vina. Žistinino očigledno neprijateljstvo za njega je bilo samo izgovor da napusti sto. Nije više mogao da gleda Anemonu kako se prežderava, a za danas je dovoljno dugo slušao Stelin glas. Brinuo je, isto tako, šta je s restoranom. A osim toga, nedostajala mu je Dafne. Pitao se zašto mu ta, njemu dosadna žena, nedostaje. Da li je to pravilo za ljubav? Ako voli Dafne, šta traži na ovom ostrvu sa Stelom? Pomisli da će posle popodnevnog odmora doneti odluku, ali bio je siguran da će otići za Pariz još koliko sutradan ujutru. Dobro je to sa *open* kartom koju mu je Stela poklonila: osećao se slobodnim.

– Slobodno!

U polusnu je zamišljao da mu Žistina dolazi u posetu. Svući će je i vodiće s njom ljubav. Kao homoseksualka verovatno je nevina. Ostaće krvava mrlja na čaršavu. Moraće to da sakrije od Stele. Kako? Potkupiće sobaricu kao saučesnika. Kako li se zove sobarica? Imao je utisak da ga u ovoj kući niko ne poznaje. Osim, svakako, Marije.

– Jesi li spavao? upitala ga je Stela.

– Jesam ali nema veze.
Zatvorila je vrata iza sebe.
– Ova mala je nemoguća.
– Žistina? Nije ona više mala, ona je žena i to veoma lepa.
Stela je sela na krevet i poljubila je Lisjena u usta. Posle nekoliko sekundi on je polako izmakao usne. Milijarderka je zagnjurila lice u kulinarov vrat. Počela je da mu otkopčava košulju s kratkim rukavima koju mu je toga jutra poklonila. On je uhvatio za ruku.
– Stani, rekao je.
– I dalje nemaš želju?
– Nemam. Suviše je rano.
– Šta to znači, suviše rano?
– Znači suviše rano.
– Kada više neće biti suviše rano?
– Ne znam. Sutra posle podne. Sutra uveče. Možda nikada.
– Sutra uveče, krajnja granica. Ja više ne mogu ovako.
– U redu: sutra uveče.
Lisjen je pomislio da će sutradan uveče biti u Parizu u kuhinji *Riblje kosti* i da će pozvati Dafne, Atinu i Sidnija preko mobilnog.
– Zar ne bih mogla malo da ti ga popušim?
– Slušaj Stela, ne može.
– Taj tvoj šorc svetlosmeđe boje me nadražuje, ličiš na nekadašnje kolonijaliste.
– Zar tebe kolonijalisti mogu da nadraže? Mislio sam da si levičarka.
– Uobrazilje nisu ni desničarske ni levičarske. Ako ne mogu da ti ga pušim, mogu li bar da pušim?
– Naravno.

U hodniku se začuo šum. Neko je zakucao na vratima. Lisjen je znao da je sada Žistina. Uvek bi snažno osetio njeno prisustvo, čak i kroz vrata.

– Slobodno, rekao je.

Žistina je na sebi imala jedan od svojih kompleta od teksas platna, po modi od pre dvadeset godina, a i sada opet u modi. Kosu je vezala pozadi i njeno mladalačko lice pojavilo se u svoj svojoj čistoti i otmenosti.

– Žao mi je što vam smetam, Lisjene, ali treba da se pozdravim sa mamom. Do viđenja, mama.

Devojka je odmah zatvorila vrata. Stela je izišla u hodnik, Lisjen za njom. S velikom torbom preko ramena, Žistina je išla ka kuhinji.

– Žistina! uzviknula je Stela.

Njena ćerka se nije zaustavila, nije se okrenula. Stigla je do kućnog praga kada ju je Stela sustigla i uhvatila za mišicu.

– Mislim da imam pravo da znam šta se dešava, rekla je sa smišljenom i odmerenom hladnoćom.

U kuhinji se čula Anemona kako ćaska sa Marijom. U prirodi restoraterke nije bilo da se zadržava s osobljem. Verovatno to koristi, pomislio je Lisjen, da štrpne još malo od hladnog punjenog paradajza. Anemonina bulimija dobijala je zabrinjavajuće razmere. Slomljen nos nije mogao biti opravdanje za sve. Lisjen će morati s njom ozbiljno da porazgovara. Možda bi čak trebalo da ode kod lekara. Ako tako nastavi ili se stvar još i pogorša kada se budu vratili u Pariz, to će predstavljati problem. Debele restoraterke su izišle iz mode. Anemonin nov fizički izgled bi mogao škoditi reputaciji *Riblje kosti*.

– Mama, rekla si mi da mogu da biram: ili da se izvinim tvom ljubavniku ili da napustim kuću. Izabrala sam: napuštam kuću.

– Da se izvinite za šta? na to će Lisjen, zaprepašćen. A osim toga, ja više nisam ljubavnik vaše majke. Ne prihvatam da budem uzrok porodične drame. Ako neko treba da ode, to sam ja. Pakujem svoj prtljag iz ovih stopa. Brzo će ići: i onako ga nemam.

– Ne! rekla je Žistina. Vi ostajete, a ja odlazim!

– Vi idite, ako hoćete – ali ja, ne ostajem!

– Zašto ti ne ostaješ? upitala je Stela Lisjena.

– Ne bih mogao da podnesem da budem uzrok raskida između majke i ćerke. Kad bih ostao u *Don Kihotu*, imao bih utisak da sam isterao Žistinu. Da sam zauzeo njeno mesto. Ako ode ona, odlazim i ja!

Privučena galamom, Anemona je izišla iz kuhinje. Krpom je brisala ruke. Da li je poslednje punjene paradajze pojela *prstima*? pitao se Lisjen. Izbezumljena, Stela je naizmenično gledala u Žistinu i u Lisjena. Pokušavala je da se snađe u datoj situaciji ali je ovo postalo suviše zapetljano za nju. Uputila je Anemoni kratak preklinjući pogled. Ona je morala da je izvuče iz svega ovoga. Sama neće uspeti, izgubiće i ćerku i svoju ljubav!

– Žistina je u pravu, rekla je Anemona. Nema razloga da se izvinjava radi onoga što je rekla Lisjenu. Nije to bilo baš tako zlonamerno.

– Nije uopšte bilo zlonamerno, rekao je Lisjen. Moj engleski je ravan nuli, a moj nemački još gori.

– Pošto Žistina nema zbog čega da se izvinjava, zaključila je Anemona, onda ne treba ni da ide.

Posle kratkog pogleda u sve unaokolo, devojka se vratila u svoju sobu. Stela je zagrlila Anemonu i snažno se priljubila uz nju. Lisjen je rekao da ide da se okupa. Stela je rekla da ide s njim. Popeli su se kamenim stepeništem jedno pored drugog, držeći se za ruke.

22

Oko četiri popodne, Anemona je predložila Steli da siđu u grad da u bolnici posete Martinu i da porazgovaraju s Olivjeom. To joj se činilo "diplomatskim potezom". Stela je pitala Lisjena hoće li i on da pođe s njima.

– Ta ideja nije dobra, rekla je Anemona. Lisjen je ovde da bi se odmorio: odmor mu je potreban.

– Ko će da vozi? upitala je Stela.

– Ti, rekla je Anemona.

– A, ne, ja neću! Već sam dva udesa napravila ove nedelje, dovoljno je! Neću više da pipnem volan. Ne znam šta mi je. Trebalo bi možda da me neko pojebe.

– Ko? na to će Lisjen.

Stela ga munu laktom u slabine. Anemona je bradom pokazala na Bimba: nepomičan na peškiru – student nije koristio ležaljke, smatrao ih je "suviše mekim" – izgledalo je kao da spava.

– Ima li ovaj dozvolu? upitala je restoraterka.

– Nemam pojma, rekla je Stela. Pitaj njega.

– Bimbo, imate li dozvolu?

Mladić je otvorio oči i uspravio se na laktovima. Savršeno je pocrneo: po grudima i po stomaku, po leđima pa čak i pod miškom. Za takvu preplanulu boju trebalo je mnogo brižljivosti. Uostalom, kako je izgledalo, Bimbo je samo to i radio: sunčao se da pocrni. Čovek ga nikada nije video s knjigom ili s novinama. Nije govorio. Nije čak ni doručak sebi spremao.

– Mislite na vozačku dozvolu? upitao je Bimbo ležernim glasom koji, kako je rečenica odmicala, kao da se gasio.
– Da.
– Naravno.
– Da li bi vas gnjavilo da Stelu i mene odbacite do grada? Ja sa zavojem ne mogu da vozim, a Stelu je strah da ne napravi i treći udes.

Bimbo se nasmešio i ustao. Ličio je po malo na Žeremija kada mu je bilo dvadeset godina. Pogotovo oči. I guzovi. Stela nije poznavala svog bivšeg muža u tim godinama, ali je gledala fotografije. Da li je ova sličnost bila dovoljan razlog da Žistina spava s Bimbom? Stela je znala da njena ćerka nije tako jednostavna.

– Iskoristi priliku da ti u bolnici promene zavoj, rekao je Lisjen restoraterki. Već počinje da izgleda odvratno.
– To je planirano.

Pola sata kasnije, dok je dremao tako sam, na ivici bazena pitajući se zašto je celog svog života stvarao prazninu oko sebe – da li je bio toliko neprijatan, toliko rđav? – Lisjen je ugledao Žistinu kako se penje stepeništem. Na sebi je imala žuti bade-mantil a, ispod, crni jednodelni kupaći kostim koji je morao poticati, pomisli on, iz Frankovog vremena. Zaronila je u vodu. Vrućina mu je: dvoumio se da li da koristi tuš koji je Stela posebno namestila za svog vanbračnog muža Patrika sredinom 90-ih godina, ili da se pridruži Žistini u bazenu. Ustao je u trenutku kada je devojka izlazila iz vode; odlučio je, dakle, da se okupa. Kada se vratio do svoje ležaljke, Žistina

je već bila nestala. Izbrisao se pažljivo, sišao stepeništem, ušao u kuću i kucnuo na vrata neke sobe za koju je mislio da je njena. Nije dobio odgovor. Otvorio je vrata. Prva stvar koju je ugledao na krevetu bila je debela knjiga o Žan-Mišelu Baskja-u. Stela mu je rekla u Dubaiju – ili je to bilo u Singapuru? – da Olivje Florans obožava ovog slikara sa Haitija. Ova soba je verovatno namenjena Floransovima. Lisjen je čak na noćnom stočiću uočio roman Fransoaz Sagan – omiljene Martinine autorke. Zatvorio je vrata i po kući počeo da traži prostoriju o kojoj dotle nije ni pomišljao da postoji, nepoznatu prostoriju u kojoj spava Žistina. Otkrio je u suterenu. Pozvao je:
– Jeste li tu, Žistina?
Otvorila je odmah vrata kao da je iza njih čekala. Na sebi je imala kratku plavu haljinu. Prvi put je video u haljini. Upitao se da li je obukla za njega. Njemu u čast. Pogledao je nežno. Ukrotio je on, u svom životu, sijaset kuvarskih pomoćnica. Nežnost je najbolje prolazila kod njih.
– Dolazim da se pomirimo, rekao je.
– Nema rata.
– Ima, ima jedan, i hoću da prestane. Dok sam voleo vašu majku, bio sam sa njom. Sada kada je više ne volim, nisam više s njom. Ne vidim šta mi zamerate: što sam je voleo ili što je više ne volim?
– Nemojte tako govoriti o mojoj majci!
Zalupila mu je vrata pred nosem. Bio je malo uvređen.
– Ona je bila samo žena pre nego što je postala vaša majka, i to je i dalje!
– Da li se ovo zove kuvar-filozof? uzvratio je glasić iza vrata.
Poludeo je od besa i provalio je u sobu. Ovo služinče tvrdokornije je od ostalih. Obgrlio je Žistinu. Ošamarila ga je.

Pokušao je da je poljubi. Ona ga ugrize za usnu. Zazvonio je devojčin mobilni. Lisjenu je palo na pamet kako je mobilni telefon ponekad, u nekim višim krugovima, prepreka za silovanje. Sve one devojke koje se drže za uvo: one, u stvari, sakrivaju svoj polni organ. Žistina je uključila aparat i rekla: "A je l'", "misliš?", "da", zatim, pružajući aparat Lisjenu, dodala je zavodničkim glasom, uz osmeh iz kojeg su zablistale sve istočnjačke čarolije:

– Mama. Hoćete li da razgovarate s njom?

23

Stela je shvatila u kolima: posle svih onih smicalica, Lisjena i Žistinu su ostavili nasamo u vili *Don Kihote*. Posle ispada za ručkom nije to bilo mudro. Nadala se da se neće potući. A onda joj je jedna mračna ideja pala na pamet. Zamišljala je da je Žistina spremna na sve samo da bi svoju majku odvojila od Lisjena, a to podrazumeva i seksualno provociranje kulinara da bi joj pružila dokaz kako on, osim prijateljstva i poštovanja, ne gaji nikakva osećanja prema njoj. Pogledala je ukrućen i preplanuo Bimbov potiljak. Da se bar ovaj prema njenoj ćerki ponašao kako treba, da ju je zaveo kako se to radilo u njeno vreme ili još i u Martinino vreme, ne bi stvari dotle stigle. Ali, činilo se da to ovde nije slučaj. Naravno, Žistina je homoseksualka. Ali ona to možda neće ostati zauvek i možda to nije sto posto. U svakom slučaju, da bi svojoj majci dokazala da kuvar ne vredi ni pola lule duvana, Žistina je, prema Stelinom predosećanju, bila spremna da odustane od svojih seksualnih sklonosti bar na jedan ili dva sata. U tom trenutku je odlučila da pozove ćerku na mobilni, mada je znala da Žistina nikada ne odgovara na pozive. Devojka bi preslušala poruke jednom dnevno, pre spavanja. I, u većini slučajeva nije pozivala ljude. Stela je dakle, bila iznenađena kada je čula blago zadihan glas svoje ćerke. Pitala je Žistinu da li je trčala. Nije dobila odgovor. To se s njom često dešava: postavite joj pitanje, ona ne odgovori.

– Uskoro stižemo u bolnicu, rekla je Stela.
– A je l'.
– Bojim se da je s Martinom nešto ozbiljno.
– Misliš?
– Jesi li na bazenu?
– Da.
– Da li je Lisjen s tobom?
– Jeste, evo ti ga.

Zašto je Žistini toliko bilo stalo da joj *da* Lisjena, a ovamo od aprila meseca čini sve, čak i nemoguće, da joj ga upravo ne bi *dala*? A onda, nikada ona, u normalnim prilikama, na bazenu ne bi sedela toliko blizu Lisjena da mu može dodati mobilni telefon.

– Pa onda? uputao je kulinar čiji je glas takođe bio zadihan. Jesu li se takmičili u plivanju?
– Pa onda, vezano za šta?
– Za Martinu.
– Ne znamo, još nismo stigli.
– Nazvaćeš ponovo kada budete nešto saznali?
– Hoću. Jesi li mnogo zabrinut za Martininu sudbinu?
– Draga mi je. Olivjea ne volim, a ni ti ga nećeš voleti kada protiv tebe bude pokrenuo sudski proces.

Hladan uzdah prošao je Stelinim grudima. Zašto Lisjen oseća potrebu da je povredi? Nikako nije smela da ga ostavi samog sa Žistinom u vili. Nije bila njena ideja da poseti Martinu i Olivjea, nego Anemonina. Sa "diplomatskim" ciljem. Sama Stela nije verovala u diplomatiju, u svakom slučaju ne kada je reč o Olivjeu. Videla ga je na delu s njenom sestrom.

Iseckao je na komade Rašelu. Za uzvrat, odlučila je da sama tome pribegne, diplomatiji, sa Lisjenom – i upitala je glasom devojčice:

– Misliš li da će ići protiv mene?
– To malo zavisi i od stanja u kojem je Martina, rekao je Lisjen.
– Čudo da nam ništa još nije rekao na tu temu.
– Da, čudno je. Anemona će ga naterati da progovori. Sa njom svi progovore. Neka ne zaboravi da joj promene zavoj!
– Ne brini, i zbog toga smo sišli.
– Hoćeš li još nešto da kažeš svojoj ćerki?
– Neću. Jeste li dobro, vas dvoje?
– Pa, ne znam. Zašto?
– Imate čudan glas. Jeste li se opet svađali?
– Nismo.
– Volim te, znaš li?
– Znam.

Anemona je uzdahnula. Stela je ocenila da je vreme da prekinu razgovor. Pitala se na šta će se izići to sučeljavanje Žistina/Lisjen u vili *Don Kihote*. Samo je jedno želela: da se vrati u vilu. Da je bila sama u kolima sa Bimbom, ona bi zahtevala da se okrenu nalevo-krug. I baš je briga za "diplomatiju".

– Da jedno drugo nisu poubijali? upitala je Anemona.
– Nisu, rekla je Stela.
– Možda rade suprotno...
– Suprotno?
– Da. Kada se ljudi toliko mrze to je obično zato što osećaju snažnu privlačnost jedno prema drugom.
– Žistina i Lisjen, snažnu privlačnost jedno prema drugom?
– Zašto da ne?
– Zato što Žistina voli žene!

Odjednom je Stela osetila olakšanje što Žistina voli žene. Anemona je okrenula svoj veliki zavoj pun mrlja prema vozaču i upitala:
– Šta vi o tome mislite, Bimbo?
– O čemu?
– O Žistininoj seksualnosti.
– Žistina i ja ne dotičemo tu temu.
– A ipak, spavate u istom krevetu.
– Da. Pa šta onda?
– Pa onda...
Anemona je pogledala Stelu, nasmešila se, duboko je uzdahnula ka vetrobranu jer je to zabavljalo i rekla:
– Pa onda ništa.

24

Vrisnula je. Prestravila se od tog debelog stvorenja, sa šarenom maskom na licu, koje nije ni muškarac ni žena.
– Ja sam, prošaputala je spodoba naginjući se ka krevetu. Anemona. Je l' me prepoznaješ?
Opet je vrisnula. Dotična Anemona – što znači žena – se uspravila.
– Ne prepoznaje me, rekla je omanjem elegantnom i preplanulom muškarcu duguljastog tužnog lica.
On je svakoga dana dolazio da je poseti. Sedeo je pored kreveta. Prvih dana joj je postavljao pitanja. Na kraju ga je zamolila da ućuti. Sada je od njega zatražila i da iziđe. Možda je zato danas došao zajedno sa Anemonom. Mislio je da će uz malo pojačanje ići lakše. E pa neće!
Nije znala da se zove Martina. Ovaj preplanuli čovečuljak joj je to kazao pa čak i dokazao pokazavši joj lična dokumenta. On se zove Olivje, i, tvrdi da je njen muž. Kako je mogla da se uda za takvu jednu kratku kobasicu? Bogat je. Dakle ona je interždžika? Objasnio joj je da je advokat.
– Kakva katastrofa! rekla je nakaza tihim glasom.
Ali Martina razaznaje šta ljudi govore tihim glasom. Ima izoštren sluh. Pomišljala je da je pre udesa bila možda muzičar

ili muzički producent. Čovečuljak je ubeđivao da nije, da se bavila kućom – njihovim *privatnim zamkom* – i da ništa nije radila, to jest, u stvari – požurio je da doda – radila je mnogo toga: upravljala osobljem (kuvarica, služavka, šef posluge), organizovala njihov život u visokom društvu, obavljala kupovine za kuću, itd. Martina se pitala da li joj se ovaj ruga, ili joj podvaljuje. Ipak, nije imala utisak da je u tom životu koji je zaboravila bila buržujka visokog ranga, nego normalna žena s običnim sklonostima.

– Ne znam šta da radim, rekao je čovečuljak. Da je ostavim ovde, da je vratim u vilu *Don Kihote*, ili da se vratimo u Pariz.

– Ako ovde ne bude bilo bolje, rekla je Anemona, možda će joj se stanje poboljšati u vili *Don Kihote*. Ali ne vraćaj se za Pariz: sredina je leta i sve velike zverke su na odmoru.

– Treba da pitam Stelu.

– Mislim da će se ona složiti...

– Misliš?

– Ona hoće da izbegne sudski proces. Ako se Martina ponovo smesti u *Don Kihotu*, teško ćeš moći da goniš Stelu pred sudom. Kad smo već kod toga, ko će je braniti, pošto si joj ti advokat?

– Slobodno neka uzme Žeremija: on je dobar.

– Pa čak i ako spor dobiješ, izgubićeš klijentkinju, što je nezgodno, i prijateljicu, što je tužno. A tek *Don Kihote*!

– E to bi bila propast: obožavam to mesto. Jesi li videla šta je ta budala uradila Martini, i tebi, o istom trošku? Tim povodom, kad ćeš promeniti zavoj? Postaje užasan: svuda imaš mrlje od klope. Čovek bi rekao da ga je Baskija naslikao.

– Šta, više ti se ne sviđa Baskija? Slušaj pitala sam: nikoga nema ovde da mi promeni prokleti zavoj. Svi su na plaži.

– A osim toga, ogromna si. Šta je s tvojom dijetom?

– Ne znam šta je: sve vreme sam gladna.
– Umeri se, ovo postaje zabrinjavajuće.
– Sa ovom facom sada, nema nijednog stvora na kugli zemaljskoj koji bi me poželeo, onda bar da to iskoristim i da se sita najedem. To mi se ne dešava baš često.
– A zar nisi i ti mislila da tužiš Stelu? Pošto sam tvoj advokat koliko i njen, ne bih te ja branio, ali bih ti nekoga preporučio.
– Ako se okreneš protiv Stele, Olivje, nećeš više biti moj advokat. A ni Samijelov.
– Zašto neću više biti ni Samijelov?
– Zato što on uvek ima istog advokata kao ja.
– Zar je tako određeno vašim bračnim ugovorom?
– Dobro znaš da nije: ti si sastavio naš bračni ugovor. Samijel i ja uvek imamo istog advokata zato što ja plaćam advokate, kao i sve ostalo. Dakle, ja biram.
– Kao i za ostalo.
– Dobro, da pozovemo Stelu? Možda će nju Martina prepoznati. Nju je mnogo volela.
– Mnogo je voli: samo ima amneziju, nije umrla!

Oba lica su se okrenula prema dotičnoj Martini koja je bila zapanjena pa čak malo i besna – pomislila je da verovatno ima gadnu narav: sve, ili gotovo sve, bi je dovodilo do besa otkada je došla k svesti u ovoj španskoj bolnici – zato što ovi raspravljaju kao da nje nema tu. Ona jeste zaboravila svoj život, ali nije zaboravila smisao reči. Shvatila je da je Anemona manipulatorka, a Olivje đubre. Kako je mogla biti prijateljica ovoj ovde, a žena onom tamo? Da li je i ona toliko loša kao oni?

Anemona je izišla iz sobe i odmah se vratila sa nekom vitkom, za svoje godine naboranom ženom – a koliko li je njoj samoj godina? – sa pepeljasto plavom kosom i plavim očima.

Nosila je u sobi miris duvana što se Martini nije svidelo. Pridošlica je započela tako što je požurila Olivjeu u zagrljaj, a ovaj ju je potapšao po ramenu. Anemoni je uputio značajne poglede, s namerom da joj stavi do znanja da ga Stelina iznenadna nežnost ne može prevariti.
– Oprosti mi, počela je prva plava žena tihim glasom.
– Uništila si nam život, Stela.
Olivjeov glas bio je isto tih. Užasno tih.
– Šta da učinim da bi mi oprostio?
– Da bismo ti *mi* oprostili. Mi. Martina nije umrla, to sam rekao i Anemoni pre nekoliko trenutaka.
– A ne, nije umrla, uzviknula je Stela suznih očiju. I te kako je živa, Bogu hvala!
– Da je umrla, reče mračno Olivje, kunem ti se, pokrenuo bih parnicu.
– Razumem te, rekla je Stela. Razumem te veoma dobro!
Činilo se da joj je laknulo, kao da joj je tom rečenicom, Olivje najavio da neće pokretati parnicu zbog Martinine amnezije, ali da bi je zbog njene smrti pokrenuo. Ocenila je da je trenutak povoljan da pohita ka krevetu. Martini je došlo da učini nešto za ovu ženu koja joj je ličila na igračku za razne mahinacije.
– Dobar dan, Stela, rekla je.
– Zašto me zovete Stela?
– Tako vam je ime. Čula sam pre nekoliko trenutaka.
– A je l'.
– Ali sam ga čula i pre.
– Pre čega?
– Pre udesa.
– Oprosti, još jednom, Martina. Oprosti!
– Stela je tvoja najbolja prijateljica, rekao je Olivje svojoj ženi.

– Moja najbolja prijateljica..., promrmljala je Martina.
– Da, na to će Stela. Tvoja najbolja prijateljica.
Zagrlila je Martinu i snažno je privila uz sebe. Bolesnica je počela da jeca zato što je Stela jedina osoba, otkako je izišla iz kome, kojoj je palo na pamet da je zagrli. Dok čoveku koji se zove Olivje i koji je uverava da je njen muž, to nije ni palo na pamet. Plakala je i zato što nije imala nikakvo sećanje na neku najbolju prijateljicu koja bi se zvala Stela.

25

– Od čega ti je ovo, ovaj ožiljak na usni?
– Zar tek sada primećuješ?
– Izvini, imala sam dan...
– Posekao sam se dok sam se brijao.
– Dok si se brijao? Zar se briješ popodne? Da te nije možda Žistina ugrizla dok si pokušavao da je poljubiš?
– Da sam pokušao da je poljubim, ne bi ona mene ugrizla, ubila bi me.
– Mmm... da.
– Priznajem da sam, kao i većina muškaraca, na izvestan način očaran lezbosima.
– I ja sam bila lezbejka kada sam bila mlada.
– Sa Anemonom?
– Jedanput sa Anemonom. Patila je zbog ljubavi, bile smo same. Drugi put sa nekom policijskom službenicom, saobraćajkom. Preslatkom. Ona je počela da mi piše kaznu. Možeš misliti koliko nisam znala gde mi je glava! Mama je upravo bila umrla, ja sam bila u sudskom postupku sa Rašelom: imala sam raznih briga. Počela sam da se nabacujem policajki, da bih se razonodila, upalilo je, i, našle smo se u krevetu.
– I kako je bilo?

– Sa Anemonom, ništa naročito. Bile smo malo više pijane, sve vreme smo se zezale. A sa policajkom, genijalno.
– Uniforma je tvoja specijalnost. Pre neki dan, kada sam na sebi imao šorc žuto smeđeboje, htela si da mi ga sisaš.
– Pošto smo načeli temu, kad ću ti ga sisati?
– Ne znam.
– Večeras?
– Večeras ne. Suviše je rano.
– Opet je suviše rano!
– Da. Sutra veče, možda.
– Nema možda: sutra veče, sigurno. Potrebne su mi tačne odrednice. Inače će mi pući film.

Nalazili su se u seoskom pomodarskom baru. U selu je postojao samo jedan bar: i bio je naravno, pomodarski. Zvao se *2002*. Zamišljeno je da mu se svake godine promeni ime, ali otvoren je tek pre godinu dana. Bila je to bašta pod lozovom nadstrešnicom. U njoj se nalazilo dvadesetak stolova. Od pića se najčešće služila tekila i margarita. Stela je bila kod treće margarite. Odlučila je da se "nacirka", a da bi to ostvarila, Lisjena je dovukla do sela. Anemona je htela da im se priključi ali su Lisjen i Stela procenili da više nije za pokazivanje u javnosti, pogotovo kada se na jednom kvadratnom metru nađu roker, stilista i manekenka, top-model. Restoraterka ne samo da nije uspela da promeni onaj zavoj u bolnici Palme, nego ga je tokom večere dok je jela dva tanjira Marijinog mađarsko--španskog gulaša dodatno umrljala. Lisjen se pitao nije li kuvarica ovih dana namerno spremala jela sa sosom da bi se Anemona još više isprljala. Možda joj je dojadilo da gleda restoraterku kako se neprestano šunja po njenoj kuhinji i da gura ruke u svako jelo dok ga priprema ili u ostatke jela od prethodnog dana.

– Kako je Marijina sestra? upitao je Lisjen.
– K vragu, opet sam zaboravila da je pitam!
– Kod nje je rak, je l' na čemu ono beše?
– Na dojci. Čekaj. Na jajnicima, možda. Dojka ili jajnici.
– To nije isto.
– To ti je moj španski: u ovom trenutku sve je slabiji. Ponudi me još jednom margaritom.
– Biće ti četvrta.
– Rekla sam ti, jesam ili nisam, da sam ovde došla da se nacirkam.
– Sa onim koliko ti popiješ i koliko Anemona pojede, odmor će dobiti gadan zaokret.
– Prestaću da pijem kada budeš počeo da me tucaš.
– Kako se kaže "ciroza jetre" na španskom?
Još jedanput ga je munula laktom u slabine. To je bilo već drugi put od njegovog dolaska na Majorku. Reče joj da će se kod trećeg vratiti za Pariz. Konobaru je dao znak da ponovi piće. Na vrhu drvenog stepeništa koje je vodilo do bašte – to je problem na brdovitim ostrvima: svuda sve vreme ima stepenica – odjednom se pojavilo mršavo Žeremijevo lice.
– Nije li ono tvoj bivši muž?
Stela se okrenula. U međuvremenu se, pored Žeremijevog, pojavilo još jedno lice: lice Anete Bretling, nemačke manekenke sa kojom je Stela imala automobilski udes pre nekoliko dana. Kada je ugledao Stelu Žeremi se nasmešio, a osmeh mu je nestao kada je ugledao Lisjena. Ipak se nije moglo izbeći da pozdravi svoju bivšu ženu, pogotovo što se Aneta Bretling već ustremila ka Steli da je pita kako je. Stela je odgovorila da je dobro, ali da su obe prijateljice koje su bile s njom u mercedesu loše: jednoj je slomljen nos i ima užasne krize bulimije, druga je izgubila pamćenje.

– *Ništa je ne poli?* upitala je Aneta.
– U neprilici sam, zato što njen muž namerava da pokrene sudski postupak protiv mene.
– *Toči ću ta sfedočim sa tepe.*
– Ljubazno od tebe Aneta, ali ću pokušati s njim da napravim prijateljski dogovor.

Žeremi se nagnuo da poljubi Stelu, a Lisjena je kratko pogledao što se moglo protumačiti kao pozdrav.
– Šta, Olivje? upitao je.
– Zbog udesa hoće da me da na sud, saopštila mu je Stela.
– Hm?
– Da: Martina je izgubila pamćenje. Kaže da je to teška ozleda.
– Ali on je tvoj advokat!
– U ovoj prilici neće biti. Ipak mislim da će mi poći za rukom da se s njim nagodim.
– Kako da se nagodiš?
– Finansijski. Znaš li neki drugi način?
– Da: prijateljski.
– Ja sam isto tako mislila. Ali neće moći.
– Neverovatno. Pozvaću ga. Svašta ću mu reći. Koji ono beše broj njegovog mobilnog?
– Zlatan si Žeremi, ali ne mešaj se u ovo, ja ću sve da sredim. A ti si, znači odseo kod Anete?

Na advokatovom licu se pojavio tajanstven osmeh. On je manekenki položio ruku na vrat i priljubio se uz nju. Ako je Žeremi hteo Lisjena da napravi ljubomornim, to je bio promašaj: kulinar nije voleo ni visoke, ni crnke, ni Nemice. Voleo je mlade Jevrejke kestenjaste boje kose intelektualke, lezbejke srednjeg rasta! Ukratko, voleo je jednu: Žistinu. Već nekoliko meseci je to tinjalo u njemu, ali ga je istinski obuzelo onog popodneva kada ga je ugrizla za usnu. Često je prelazio jezikom preko ožiljka uz rizik da ga ponovo otvori.

– *Točite na šurku koju prirećujemo zutra ufeče*, kazala je Aneta. *To če fam malo profetriti mizli.*

Tekila je stigla upravo kada su Žeremi i manekenka odlazili. Lisjen je za sebe bio naručio pivo. Mnogo je voleo špansko pivo. Pomislio je da je dužan da Stelu uhvati za ruku, toliko je izgledala tužna otkako je videla Žeremija i manekenku zagrljene. Tog časa ga je milijarderka poljubila u usta. Upravo mu se to kod Stele nije sviđalo: uvek mora da iskoristi priliku. Lisjen je držao oči otvorene i video je Žeremija kako ih besno gleda, što mu je ipak pričinilo zadovoljstvo.

– To ti je pravi Žeremi, primetila je Stela. Prilepi se za devojku zbog koje sam baš ja zaradila saobraćajni udes!

– Zar ne bismo pre rekli da je ona zbog tebe zaradila udes?

Opet udarac laktom u slabine. Ustao je.

– Upozorio sam te Stela: vraćam se za Pariz.

Zgrabila ga je za muda da bi ga prinudila ponovo da sedne.

26

– Je l' bilo dobro, juče, u *2002*?
Lisjen se iznenadio što mu Žistina postavlja to pitanje. Obično mu nikakva pitanja nije postavljala a na njegova nije odgovarala. Po tome je zaključio da je zaljubljena u njega pa je pokušao i drugi put da je poljubi u usta. Ona ga je ponovo ošamarila.
– Nisam vaš tip? upitao je trljajući obraz.
Devojka ga je udarila jače nego juče. Da li je bila više ili manje ljuta?
– Da ste žena i da imate dvadeset godina, bili biste moj tip. Hoću da kažem: moj tip žene.
Poverila mu je toga trenutka tajnu što nikada ranije nije učinila, jer mu nikada ništa nije poveravala, a pogotovo što se prema njegovom saznanju ni majci nije poveravala; ova je obaveštena o Žistininoj homoseksualnosti preko otkrića Olivjea Floransa. Ako Žistina tako otvoreno Lisjenu govori o svojoj homoseksualnosti, to znači da on zauzima povlašćeno mesto u njenim mislima i u njenom srcu, a to je, zna on to, početak ljubavi.
Nalazili su se u kuhinji. Kroz otvoren prozor udaralo je jako majorkansko jutarnje sunce. Lisjen je sebi nalio šolju kafe.

– Jeste li je vi pripremili? upitao je Žistinu.
– Da, ali vi ne biste smeli da je pijete: to je otrov.
– Ima li arsenika u njoj?
– Kafa je sama po sebi otrov.
– Zašto ste je skuvali?
– Zato što Marija neće danas doći. Malo pre je telefonirala. Njena sestra je u kritičnom stanju. Više voli da bude uz nju.
– Anemona će urlati!
– Ostalo je još gulaša, zar ne?
– Sinoć ga je bilo, ali ne znamo šta se dešavalo tokom noći.

Lisjen je otvorio frižider i ustanovio da je šerpa u kojoj je bilo ostalo gulaša do polovine kada ga je Stela posle večere spremila u frižider, sada prazna.

– Tja, vidi, vidi! rekao je.
– Zar nema više? upitala je Žistina.

Odmahnuo je glavom i rekao:

– Neko je u toku noći napravio raciju a, osim Anemone, ne vidim ko bi to mogao biti.
– Ja ne: mrzim jela sa sosom.

Lisjen nije mogao da poveruje svojim ušima: Žistina je sa njim razgovarala kao da je ljudsko biće i kao da je ona to isto postala.

– Izgleda da ste dobre volje, rekao je.
– Zato što za pola sata moj otac dolazi po mene. Zvala sam ga jutros. Nekoliko dana ću stanovati sa njima, kod Anete Bretling.

Svaka reč ove devojke padala je na Lisjenovo srce kao kamen na dno mrtvog jezera. Bio je uzbuđen zbog Žistininog odlaska i zbog otkrića da je prema njemu postala ljubazna zato što ga više neće gledati. Uspeo je samo da izusti:

– Zar Aneta Bretling ima kuću na ostrvu?

– Najlepšu kuću na ovom ostrvu. Ova je, naspram njene, kokošinjac. Bar prema onome što mi je tata pričao.
– Žistina, da li vi to zbog mene napuštate vilu *Don Kihote*?
– Zbog više stvari: maminih živaca, Anemonine glavudže...
– Treba reći da...
– A onda i vi, da, naravno. Možda. Neću provesti ostatak odmora deleći vama pljuske!
– Ja odlazim sutra.
– Ma nemojte. Zašto? Mama će se onoliko rastužiti. Vama je dobro u vili *Don Kihote*. Kao bubreg u loju ste!
– A Bimbo?
– On ostaje ovde. Njemu nisam predložila da ide sa mnom, u svakom slučaju odbio bi. Njemu se s vama sviđa.
– Sa mnom?
– Sa vama svima. Sa ljudima u *Don Kihotu*.

Zazvonio je Žistinin mobilni. Odgovorila je. Bio je to njen otac. Upravo je ulazio u auto. Biće tu za petnaestak minuta i ćerki predlaže da iznese svoje stvari do kapije imanja tako da mogu odmah da krenu. Žeremiju se žurilo. Trebalo je da pomogne Aneti u pripremanju žurke.

Žistina je otišla u svoju sobu odakle se vratila s velikom sportskom torbom i malim rancem.
– Mogu li da vam pomognem?
– Kako hoćete, rekla je na veliko kulinarovo iznenađenje.

Uzeo je sportsku torbu i krenuli su vrtom. Na bazenu nije bilo nikoga. Anemona već odavno više nije preplivavala svoje uzdužne krugove, a Olivje Florans je u gradu odseo u nekom hotelu blizu bolnice, punom ruskih turista. Na to se požalio Steli prethodnog dana:
– Na Majorki je bilo bolje kada nije bilo Rusa!

Lisjen se za večerom osmelio da duhovito dobaci:

– Mislili smo da će Rusi doći na tenkovima, a stigli su čarterima!

Žistina se nasmejala što je sve iznenadilo, uključujući i Lisjena. Bimbo je izgledao kao da nije čuo. Čuo bi samo one rečenice u kojima bi se spomenulo njegovo ime. To jest, njegov nadimak. Kao i obično Anemonin nos je bio zaronjen u tanjir. Kako je vreme prolazilo, ona je za vreme jela glavu sve više približavala tanjiru. Kao da joj je dodavanjem težine vid slabio u istoj toj meri.

– Možete me ovde ostaviti, rekla je Žistina Lisjenu kada su stigli ispred ulaznog trema. Moj će otac stići svakog trenutka, a znam da vas mnogo ne miriše.

– Zamera li mi to što sam bio sa Stelom, ili što više nisam s njom?

– Zamera vam što postojite.

– To nimalo nije demokratski. Znači, njegovi veliki govori o čovekovim pravima na televiziji, to je ravno nuli.

– Za tatu su svi ljudi isti i imaju pravo da žive. Osim vas, Lisjene. A vi, vi ste niže biće i morate nestati.

– Zašto?

– Ne znam. Zato što je lud?

– On je lud?

– Jeste li čitali njegove knjige?

– Nisam. Ne čitam knjige.

– Međutim, napisali ste jednu.

– To je kuvar, i, nisam ga ja napisao.

– Nema veze ja sam ga pročitala.

– Vi ste pročitali moju knjigu?

– Ja sve čitam, čak i kuvare.

– I je l' vam se svidela?

– Šta bi vam to značilo, pošto je niste napisali?

– To su moji recepti!
Zvuk motora je iz podnožja brega dopirao do njih.
– Ovo je tata. Bolje da odete.
– Mogu li danas da vas pozovem na mobilni?
– Da, ali ćemo se videti večeras na Anetinoj žurki. Ne zaboravite: ako Anemona dolazi, treba neizostavno da promeni zavoj. Inače, to će nam sve pokvariti!

27

– *Ljupasno ot fas što ste tošli*, rekla je Aneta Bretling.

Stajala je na ulazu kuće kao ambasadorka. Na izvestan način ona je to i bila: u društvu na Majorki, ona je predstavljala Nemačku.

Na sebi je imala zlatastu mini haljinu i cipele u istom tonu. Pored nje: Žeremi u crnom odelu, crnoj majici, crnim cipelama. Jedino je crnu boju smatrao otmenom. Lisjen je upitao gde je Žistina. Osetio je da se to pitanje nikome ne sviđa: ni Steli, ni Žeremiju pa čak ni Aneti iz nekog tajanstvenog razloga. Samo je Bimba pitanje ostavilo ravnodušnim. Gledao je oko sebe sa smirenim divljenjem. Hteo je da zna gde se nalazi WC. Lisjen je pomislio da je možda kokainoman. Imao je jednog takvog u kuhinji u *Ribljoj kosti*. Anemona ga je istog trena izbacila.

– Svu su tu, rekla je Stela kada su se probili do unutrašnjeg dela vile.

– Ali nema Žistine, primetio je Lisjen. Misliš li da su se Aneta i ona već posvađale?

– Ne, ali ti znaš Žistinu: verovatno želi da ostane u svojoj sobi uz knjigu.

Kulinar je pomislio da će čim se ukaže prilika morati da ode u potragu za tom sobom. Ali Stela ga ni za pedalj nije ostavljala. Čak ga je i pod ruku uhvatila, kao supruga. Stara supruga. Lisjen nije više bio u tim godinama da može da izlazi sa ženama svojih godina. Pomislio je kako više voli Dafne od Stele jer je Dafne od Stele mlađa, i kako više voli Žistinu od Dafne jer je Žistina mlađa od Dafne. Nije bilo razloga da se oko toga pravi drama. Razlog nije psihološki: to je problem samoodržanja. *Lanac hladnjaka* namenjenih održavanju kvarljive robe.

Ponovo su naišli na Bimba koji je sedeo u nekom ćošku u vrtu s tanjirom na kolenima. Brižljivo je na njemu sve poslagao kao da je buket cveća, i pre nego što je zaboo viljušku u tanjir, pogledao ga je zadovoljno, gotovo nežno.

– Kažem ti da je gay, rekla je Stela Lisjenu.
– Nije sigurno.
– Trebalo bi da mu se udvaraš, pa da vidimo.
– Ja?
– Eh vi, iz ugostiteljstva..

Lisjen i Stela su seli pored mladića koji im je uzvratio s blagom i uzvišenom ravnodušnošću. Osim Žeremija i Anete, nikog drugog nisu poznavali, a ovi su bili suviše zaokupljeni žurkom da bi se njima bavili. I kulinar i milijarderka su stidljivi. U vili *Don Kihote*, dvoje ljudi iz mondenskog sveta bili su Anemona i Olivje. I ona i on su među gostima u *Tanhojzeru* (tako se zvala Anetina vila) sigurno imali mnogo prijatelja i isto toliko klijenata. Ali Olivje je ostao u Majorki sa Martinom, a Anemona na žurku nije došla zbog onog prokletog zavoja koji još uvek nije uspela da promeni.

Kada je Stela otišla po tanjir – Lisjen nikada ništa nije jeo sa takvih velikih trpeza, iz iskustva je znao da ta hrana nije dobra ni za nepca ni za zdravlje – kulinar je upitao Bimba da li je video Žistinu.

– Nikoga nisam video, odgovorio je Bimbo.

Stela se vratila s punim tanjirom.

– Trpeza izgleda sjajno, komentarisala je milijarderka. Srećom da Anemona nije došla s nama, preždrala bi se i dodala bi još koji kilogram.

Lisjen je rekao da ide da baci pogled. Ustao je i prošetao unaokolo, ne zanimajući se za trpezu. Prišao mu je neki Španac, gastronomski novinar, koji ga je prepoznao. Dok je razgovarao s njim, Lisjen je sve vreme gledao na drugu stranu. Na skupovima visokog društva uvek je imao utisak da bi trebalo da bude u pratnji neke druge osobe, a ne one s kojom je došao. Večeras je želeo da ta osoba bude Žistina. Bilo je puno devojaka lepših od nje, verovatno Anetine prijateljice manekenke, ali ga one nisu zanimale. Povremeno bi kradimice pogledao ka Steli i Bimbu. Jeli su, nisu razgovarali niti ih je zanimalo šta se oko njih događa. Bili su bezbrižni: Bimbo zato što nikoga ne voli, Stela zato što je izišla s čovekom koga voli. Život za njih nije predstavljao ovako iscrpljujući problem kao za Lisjena, pogotovo ovog časa.

Zazvonio mu je telefon: bila je to Dafne. Odgovorio je zato što je poželeo da čuje glas svoje supruge. Rekla je da zove iz Londona. Istog trenutka su mu se sledile ruke.

– Gde, u Londonu?

– U tvom hotelu.

– A šta je s decom?

– Ostavila sam ih u Sablu, kod roditelja.

Šta da uradi? A Anemona nije tu!

– Nisam u Londonu, Dafne. U Majorki sam, kod Stele.

– Ni ja nisam u Londonu, idiote!

Dafne ga nikada do sada nije nazvala "idiote". Prekinula je vezu. Zabezeknut, Lisjen je gledao u telefon. Možda je bolje tako. Razvešće se i oženiće se sa Stelom. Postaće bogat. I Žistinin očuh, kao u filmu *Lolita*. Posle će patiti što se Steli dogodila saobraćajna nesreća. Često su joj se događale saobraćajne nesreće. Budući život se Lisjenu naglo ukazao kao košmar iz kojeg je jedino mogao da iziđe ako bude pozvao Dafne. Uključila je sekretaricu, naravno. Nije ostavio poruku. Pozvao je Anemonu kojoj je ukratko ispričao situaciju.

– Od dve stvari jednu možeš izabrati, kazala mu je restoraterka. Ili ćeš iskoristiti priliku da se razvedeš i oženiš se Stelom. Ili ćeš prvim letom otići za Pariz i slomićeš se da ponovo pridobiješ svoju ženu. Kakvo je veče?

– Ne znam. Nikakvo.

– Vrati se u *Don Kihote*, porazgovaraćemo o svemu na miru i vratićeš se po Stelu na kraju večeri; ali, mislim da će i ona hteti da se vrati odmah s tobom.

Nasuprot onome što je predvidela Anemona, Stela je odabrala da ostane u *Tanhojzeru*. Saopštila je da će joj Bimbo biti uslužni kavaljer dok Lisjen bude odsutan.

– Nemoj suviše dugo ostati, kazala je kulinaru.

Kada se uputio prema kolima, najzad je uočio Žistinu. Naslonjena na drvo, predala se zagrljaju i poljupcima neke mlade žene. Lisjen je shvatio kolika je budala i odlučio je da se već sutra ranom zorom vrati za Francusku.

28

Uleteo je pravo u kuhinju gde je zatekao Anemonu. Činilo mu se da je udvostručila zapreminu. I ona ima problem, u najmanju ruku isto tako ozbiljan kao on. Supenom kašikom načinjala je teglicu svinjske paštete[4]. Reče da je svinjska pašteta bolja bez hleba. Hleb ničemu ne služi. Uostalom takvog su mišljenja i svi dijetetičari.

– Da iziđemo na terasu? predložio je Lisjen.

Na terasi će biti u mraku; nije se palilo svetlo zbog komaraca.

– Slažem se, rekla je Anemona. Moram da iziđem iz ove kujne. Postaje mi opsesija. A to je zbog Marije: ne prestaje da kupuje hranu.

– Danas nije dolazila: ostala je pored svoje bolesne sestre.

– Zato sam manje jela!

Na terasi su seli jedan pored drugog u fotelje od trske. Gledali su u more ali ga nisu videli, bilo je utonulo u tamu.

– Siroti moj Lisjene, rekla je Anemona uzimajući kulinarovu ruku. U nevolji si.

---

[4] Seckano svinjsko meso ukuvano u masti, služi se ohlađeno. (*Prim.prev.*)

– Jesam, kazao je Lisjen.

Nije izvukao ruku. Osećao se prijatno s rukom u Anemoninoj ruci. Njeno krupno, toplo i prijateljsko prisustvo ga je ohrabrivalo. Primetio je da ga je od Dafninog telefonskog poziva obuzeo strah. Prosto naprosto, strah.

– Neudobno nam je u ovim foteljama, rekla je restoraterka. Suviše su uske. Kao daske na WC šoljama. Zar ne bi mogli da ih prave šire?

– Šta bi ti uradila na mom mestu? upitao je Lisjen, želeći da skrene razgovor na svoj odnos sa Defne.

– Ne voliš više svoju ženu, a ne voliš ni ljubavnicu; to je situacija u kojoj se muškarci često nađu.

– I šta onda urade?

– Promene ljubavnicu, zato što je to jednostavnije nego da menjanju ženu.

– Ja više namam ljubavnicu. Nevolja je u tome što je Dafne ubeđena u suprotno!

– Šta te je, opet, spopalo da joj kažeš istinu?

– Ne umem da lažem.

– To je slabost!

– Ako je slabost, nemoj me grditi. Slabići se ne grde!

– Moraću da te izvučem iz ovoga.

– 'Ajde, molim te.

– Treba da razmislim. Hoćeš li da mi otvoriš kutiju raviola?

– Slušaj Anemona...

– Šalila sam se.

– Šalila si se?

– Da, zamisli. Još sam u stanju da zbijam šalu s hranom, uprkos bulimiji. To je dokaz da sve nije izgubljeno, zar ne?

– Čim se budeš vratila u Pariz, otići ćeš kod nekog specijaliste. Ovo više ne može ovako da se nastavi. Sa ovolikom težinom rasteraćeš goste. I još uz to, riblji restoran!

– Ne brini, znam šta treba da radim. Tvoja situacija me više brine, utoliko pre što sam te donekle ja u nju uvalila.

– Tačno tako.

– Da razmislimo. Ipak bismo mogli nešto da popijemo.

– Šta hoćeš?

– Šampanjac. Šampanjac ne goji!

– Je l' to opet šala?

– Opet.

Otišao je u kuhinju, iz frižidera je uzeo bocu šampanjca i dve čaše od senfa. Posebno je voleo da pije šampanjac iz čaše od senfa, Anemona takođe. Često su tako radili u *Ribljoj kosti* kada bi osoblje otišlo iz restorana. Zajedno bi odvijali film cele te večeri, komentarisali ponašanje ovog ili onog gosta, ovog ili onog konobara. Opušten, gotovo ushićeno, Lisjen bi joj poverljivo pričao o svom ljubavnom životu što bi Anemona slušala sa smirenom i raznežneom pažnjom. Umela je da sluša. Volela je to. Bila je u stanju satima da sluša svakoga. Govorila je da čovek nikada ne gubi vreme dok sluša druge, čak i ako su budale. Lisjen nije delio njeno mišljenje i nikada nikoga nije slušao, pa čak ni pametne ljude – osim naravno Anemone.

Restoraterku je u početku povredilo što ne može zbog zavoja da ode na žurku Anete Bretling gde će doći ljudi koje poznaje i koje bi rado upoznala. Bila je takođe besna što Lisjena prepušta Steli i Stelu Lisjenu. Loše je provela veče. Spasenje je doneo kulinarov telefonski poziv: ova nova gužva između Lisjena i njegove supruge restoraterki vraća svu njenu moć, njenu nadmoćnost. Fizički je osećala da je potrebna Lisjenu da ga izvuče iz sosa. Bilo je to kao milovanje koje joj on poklanja protiv svoje volje.

– Šta ti hoćeš, Lisjene?

– Da se vratim u Pariz. Preko glave mi je Majorke. Nedostaje mi *Riblja kost*. Zar tebi ne nedostaje?

Prijalo je čuti Lisjena da govori o restoranu, zajedničkoj stvari koja je verovatno najvažniji deo njihovog života, daleko iznad njihovih pojedinačnih ljubavnih priča, njene sa Holanđaninom, njegove sa Stelom.

– Šta ćeš reći Dafni?

– Ništa. Sačekaću da se vrati.

– A ako se ne vrati?

– Pokrenuću parnicu.

– Sad i ti!

– Nijedan zakon mi ne brani da nekoliko dana provedem na Majorki.

– Sam?

– Da. Sam. Sam u krevetu! A za uzvrat, zakonom je zabranjeno da Dafne nestane sa mojom decom. A onda, šta ja tu mogu da uradim? Ne odgovara mi na telefon. Da joj pišem? Ne znam gde je! Osim toga, ne znam da pišem.

– Pozovi njene roditelje u Sabl. Oni će ti bar reći gde su ti deca.

– Sa svojom majkom su.

– To nije sigurno.

– Misliš da je možda otišla bez dece?

– Možda je sa njima u Sablu. Ili bez njih, na nekom drugom mestu. To je njeno pravo, kao i tvoje.

Lisjenov mobilni je zazvonio. Pozivni broj se pojavio, bio je Stelin.

– Da joj odgovorim? upitao je Lisjen restoraterku.

– Pa da. Šta će inače pomisliti?
– Da diskutujemo.
– Da diskutujemo, ili nešto drugo. I onako je prilično ogorčena zbog tebe, nema potrebe da dolivamo ulje na vatru.

Lisjen je uključio telefon. Stelin glas bio je nejasan. Pomislio je da je pila. Sa Bimbom? On međutim nije bio takav tip mladića.

– Obećao si mi nešto, rekla je Stela.
– Šta sam obećao?
– Obećao si mi da ću večeras moći da ti ga sisam. Juče si mi rekao: sutra uveče, a ja ti ga još nisam sisala. Misliš li da je to u redu?
– Slušaj Stela...
– Ne, ne slušam. Postoji obećanje koje se ne ispunjava!
– Jesi li tu sama?
– Nisam, sa svojim sam novim advokatom, koji je slučajno moj bivši muž.
– Sa Žeremijem?
– Da.
– Je li on čuo ovo što si mi upravo rekla?
– Ne, zato što ćaska s gospođicom Foks, pevačicom. Iako to, kako izgleda, mnogo ne raduje onu Šle. Kakva sreća što više ne volim ovo đubre. On nije čovek, on je mašina za mučenje žena, pogotovo žena preko četrdeset godina!

29

Kroz ružičastu izmaglicu ugledala je Žeremija kako se vraća ka njoj. Učinila se sebi smešnom, zbog ovoga s Lisjenom. "Sad je već sutra, a ja ti ga još uvek nisam sisala!" Još se tome smejala u sebi. Nema sumnje: bila je duhovitija kada je malo nacirana. Žeremi je upitao čemu se to smeje. Rekla je da je upravo razgovarala s Lisjenom telefonom.

– Šta je rekao tako zabavno?
– Ništa, gluposti.
– Još uvek ga voliš?
– Ne znam.
– Žistina mi je rekla da je pokušao da je poljubi u dva navrata. Jedanput juče, drugi put danas. Zbog toga je i došla u *Tanhojzer*. Napada je. Perverznjak, pokvarenjak. Ne znam šta me je malo pre zadržalo da mu ne nabijem pesnicu u njušku.

Stela je u sebi Lisjena proglasila nevinim za ta dva poljupca: ili je Žistina Žeremiju ispričala izmišljotine da bi još više opteretila Lisjenov dosije u očevoj glavi, ili je ona kulinara izazvala toliko da se ovaj nije mogao uzdržati – ili se čak osetio obaveznim – da je poljubi. Stela se setila povrede na Lisjenovoj usni. Da, Žistina ga je verovatno ugrizla pošto ga je napalila. Lisjen je imao vruću krv. Takvi su oni u restoraterstvu.

– Žistina i ti, rekla je, mrzite Lisjena. Kao što ste mrzeli sve moje momke. Seti se šta si mi govorio o Patriku!

– To je bila istina, zar ne?

– Ne, nije bila istina.

– Ipak te je otkačio zbog one manekenke.

– Naravno: bila je seksepilnija od mene.

– Ne računa se samo to u životu.

– Možeš da pričaš šta hoćeš. Istina je, Žeremi, da ne podnosiš da budem s drugim muškarcem osim s tobom. Zašto?

– Nije tačno. Mislim da ti iz neke vrste mazohizma, o kojem neću da se izjašnjavavam, loše biraš svoje momke.

– Izaberi mi ti jednog.

– U redu.

– Ali brzo, zato što se nisam tucala već pet i po meseci, gotovo šest.

– Zar te Lisjen ne tuca?

– Nismo više zajedno!

– Šta radi kod tebe?

– Odmara se. Ubijao se od umora cele ove godine. Znaš da je *Riblja kost* dobila drugu zvezdicu kod Mišlena?

– Anemona mi je bar desetak puta o tome pričala.

– To je dobro, zar ne?

– Ja i klopa...

Aneta je prošla ispred njih, okružena s nekoliko drugarica, od kojih je jedna bila dugonoga kovrdžava Blek na kojoj je Žeremi zadržao svoj umoran pogled.

– Prestani, rekla je Stela.

– Šta?

– Ne gledaj devojke tako, nije u redu, pogotovo kada to radi neko kao ti.
– Neko kao ja?
– Kancelarijska zvezda, veliki um. Savest.
– Je l' se ti to meni rugaš?
– Ne.
Nije se rugala Žeremiju, ali je uočila dobit koju će moći da izvuče iz činjenice da on misli suprotno: samim tim je za njega postala intelektualno zanimljiva. Stisnula je oči s naglašenom zluradošću uz zagonetan osmeh.
– Istina je, Stela, da sam lud za Anetom. To je žena mog života. Videla si kako je građena.
Ovo poveravanje njenog bivšeg muža ohladilo je milijarderku. Zna ona dobro: Žeremi je oduvek više voleo ženu s lepim nogama nego ženu s mozgom. Kod njega ništa nije vredelo da žena bude inteligentna: treba da je super ženska. Ali zar svi muškarci nisu isti na tu temu? Patrik i Lisjen su još dva dobra primera koji to dokazuju.
– Kad sam s njom, rastura me..., nastavio je Žeremi. U seksu je gotovo profesionalka.
– Naravno, s obzirom na broj frajera koje je imala pre tebe.
– Problem je što kod nje svako brzo dobije nogu. U svakom pogledu prohtevi su joj moćni. A onda, i ciklotimična[5] je.
– Onda budi pažljiv.
– Pažljiv sam. To ti je kao kod rodea, shvataš. Problem je da se, što je moguće duže, ostane na životinji. Kod ove se držim već deset dana. Nije tako ni loše. Bolje od nekih. Manje dobro

---

[5] Ciklotimija: Vrsta nervnog oboljenja sa naizmeničnim stanjima jake razdraženosti i duboke potištenosti. (*Prim. prev.*)

od nekih drugih. Za sada sam u dobrom proseku. Nadam se da ću postići bolji rezultat. Mnogo bolji.

– Da je oženiš?

– Zašto da ne? Zrela je za to.

– Koliko joj je godina?

– Trideset. Za dve ili tri godine, povlači se. S lovom koju je zaradila, mirna je do kraja života.

– To se nikada ne može reći, Žeremi.

– Ona može.

– Ne može. Čak ni ja ne mogu. Ne zna se šta nosi dan a šta noć.

– Ipak, ponekad...

Sve dok je razgovarala sa svojim drugaricama – Stela je među njima prepoznala devojku koja je igrala u poslednjoj reklami za sitroen – Aneta je Žeremiju slala po koji sitan znak prećutnog sporazuma na koji bi on uzvraćao širokim osmehom.

– Još uvek nisam videla Žistinu, rekla je Stela.

– U dnu parka ona i Lola Žene upravo guraju u usta jedna drugoj jezik; to je ona što je napisala bestseler o modi.

– Misliš li da je Žistina zbog nas takva?

– Kakva to takva?

– Bi.

– Nije ona bi, ona je lezbos. Nikada ona nije videla kurac u erekciji, osim u porno filmovima. Sama mi je rekla.

– Misliš da smo joj mi ogadili heteroseksualnost?

– Zašto? Bili smo sjajan par. Zar to nismo još uvek, na izvestan način?

– Ne baš.

– Ja sam u svojoj glavi još uvek sa tobom.

– Upravo bi trebalo da prestaneš da budeš, to mi suviše komplikuje život.

Žeremi je uz osmeh poljubio Stelu u obraz, onda je ustao i pridružio se Aneti koja ga je odmah obgrlila oko struka. Odlučila je da pozove Lisjena i da mu kaže da dođe po nju i da je vodi u *Don Kihote*. Taman je htela da okrene kulinarov broj kada je Bimbo seo pored nje i upitao je da li se zabavlja. Prvi put od početka letovanja on joj je postavio pitanje.

30

– A ti?

Razgovarali su o njemu čitav sat i pomislio je da Anemona možda želi da pređe na neku drugu temu: na sebe, na primer. Restoraterkin život je kulinaru oduvek ličio na ravnu i praznu fikciju iz koje je ona razvijala smešnu stranu epizoda da bi zabavila publiku, ali koja za nju ništa nije značila. To je bio razlog što on sa njom o tim stvarima govori malo, i to samo iz učtivosti. Šta joj je moglo značiti što više voli Samijela od Frederika (Holanđanin, Anemonin ljubavnik zove se Frederik, Frederik Has) ili više Frederika od Samijela, kad je bio ubeđen da ona voli samo jednu stvar na zemaljskoj kugli: svoj restoran kod Port Majoa? Sa svim onim što je postojalo u njemu, u šta je računao i sebe.

– Ja? uzvratila je Anemona iznenađena.

Toliko je imala običaj da sa drugima razgovara samo o njima da joj je uvek trebalo malo vremena pre nego što shvati da treba da govori o sebi.

– Ti si, otprilike, gde?
– U kom smislu?
– U sentimentalnom.

– Mislim da je to reč koju u mojim godinama ne treba izgovarati suviše često. Više bi odgovaralo "u seksualnom".
– U tvojim godinama? Istih smo godina.
– Nismo. Ja sam četiri godine starija, i žena sam. Mislim uostalom, da si malo glup sa svim tim svojim pričama. Ne voliš više Stelu, voliš Dafne, ne voliš više Dafne, voliš Žistinu... Čista groteska... Nije ti više petnaest godina. Trebalo je da spavaš sa Stelom, onda da spavaš sa Žistinom, da Dafni ne kažeš baš ništa i da se kao cvećka vratiš u Pariz. To bi uradio pametan dasa.
– Nisam ja pametan.
– Na kraju ću u to i poverovati. Rezultat: nisi spavao sa Stelom, nisi spavao sa Žistinom, a u braku si se zakopao. Kladim se da nisi čak dobro ni spavao.
– Nisam preterano, ne.
– U Pariz ćeš se vratiti mrtav umoran. Moraćeš da se preseliš u nameštenu garsonjeru zato što će te žena izbaciti iz kuće. Bićeš suviše zauzet da bi dobro obavljao svoj posao. Izgubićeš svoju drugu zvezdicu!
– Da ne praviš sliku crnjom nego što je?
– Možda.
– A onda, ko je navaljivao da dođem u Majorku?
– Ja, rekla je Anemona, smejući se zajedljivo i pohlepno pod svojom prljavom umašćenom maskom.
– Nisam te ja na to terao. Sada treba da popraviš svoje gluposti.
– *Moje* gluposti? To su *tvoje* gluposti!
– Gluposti koje sam uradio zbog tebe!
– Pusti me da razmislim. A za to vreme idi po još jednu bocu šampanjca.

– Stani, ja imam posle još dobar deo puta da pređem: moram da odem po Stelu kod Šle i moram da je vratim.

– To ti dođe jedva nekih dvadeset kilometara do tamo i nazad.

– Mnogo mi se vrti u glavi.

– Ovde čovek mora da nauči da vozi pripit: to ti je vožnja u pratnji[6] ... alkohola!

Lisjen se nasmejao. Anemona je bila zabavnija od Stele. Kakva šteta što umesto lica ima tu nepodnošljivu tikvu, pogotovo sada! Kada se vratio iz kuhinje, ona je bila zadremala. Potapšao je po ramenu da bi je probudio zato što mu se još sedelo s njom i pričalo. A želeo je da i ona njemu priča.

– Šampanjac! rekao je.

Anemona je otvorila oči i zevnula. On požuri da joj napuni čašu.

– Jesi li razmislila? pitao je.

– Razmislila o čemu?

– O načinu na koji ćeš me izvući iz ovoga.

– Treba da pozoveš Dafne.

– Kada vidi da sam ja, ne uključuje telefon.

– Pokušao si samo jednom – osim toga nisi joj ostavio ni poruku! Po mom mišljenju ona sada ne skida pogled s telefona i čeka da je pozoveš.

– Već ga je bacila u okean!

– A ako je u Parizu?

– U Senu!

---

[6] Vožnja u pratnji, odnosi se na mlade vozače koji voze u pratnji starijih. (*Prim.prev.*)

– Uradi to što ti kažem Lisjene. Pozovi je. Ako ti je nezgodno da razgovaraš s njom preda mnom, idi u svoju sobu. Ja odavde ne mrdam, suvuše sam popila.

– Nije mi nezgodno, ali ću dobiti automatsku sekretaricu.

Napuštajući prostoriju bojao se da Anemona opet ne zaspi. Znao je da ne bi imao srca da je i po drugi put budi. Okrenuo je Dafnin broj ravnodušno, uveren da će mu odgovoriti automatska sekretarica. Da li će ostaviti poruku? Nije znao. Odlučiće to kroz tri sekunde.

– Šta je, Lisjene?

Dafne je odgovorila! Čuo se poduži uzdah ljutnje. Hteo je da se izvini, ali mu jedna očigledna stvar sinula pred očima: ona je njemu trebalo da se izvini, mada nije znao za šta. Ništa nije našao da kaže u svoju samodbranu. Samoodbranu zbog čega? Nevin je. Morao je da raščisti ovaj nesporazum, ali je to ispod njegovog dostojanstva.

– Hoćeš li nešto da mi kažeš, Lisjene?

– Da: sranje.

Prekinuo je vezu. Evo kako čovek upropašćava svoj brak i svoj život. I to više života!

Pogledao je Anemonu, osobu odgovornu za ovaj poraz. Spavala je. Hrkala je. Curile su joj bale. Otromboljena, rasplinuta u fotelji od trske. Poželeo je da je gurne u provaliju, ali je zasada bila suviše teška. Eto kako težina može biti i prednost. *Krupna* prednost. Nasmejao se. Šteta što Anemona spava, i ona bi se nasmejala. Ustao je i uputio se ka sobi posrćući. Za sobom je zatvorio vrata. Isključio je mobilni. Stela će već naći nekoga da je doveze do *Don Kihota*. Ako ne, prespavaće u *Tanhojzeru*. Tamo bar sobe ne fale.

31

Lola Žene bila je visoka devojka, mlitavog tela, kestenjaste kose. Stela nije shvatala šta Žistina na njoj nalazi. Da ona spava s nekom ženom, bolje bi izabrala. Mišićavu, s licem pravilnih crta, malo muškobanjastih. Sličnu onoj policajki s kojom je toliko uživala. A ne ovu izduženu nakazu koja priča sve vreme. Napisala je evropski bestseler, pa šta onda? Stela je upoznala gomilu takvih koji su napisali evropski bestseler. Njen bivši muž, za početak.

Sedela je napred do Bimba koji je vozio. Džip je bio onaj isti koji je utrčao u njenog merdžu nekoliko dana ranije. Na zadnjem sedištu, Aneta Bretling se pripila uz Žistinu. Žeremi je odbio da krene s njima. Rekao je da noćni barovi više nisu za njegove godine. Stela se sećala da čak ni 80-ih godina, advokat nije voleo uveče da izlazi. Srećom, Anemona je rado izlazila s njom, inače ne bi često odlazila na žurke.

Milijarderka je uočila da u kolima ima četiri žene na jednog muškarca – ako bi se Bimbo mogao nazvati muškarcem. Kakva dekadencija! Više nema mužjaka ili šta je to? Zbog čega su se razbežali? Kada je reč o Žistini i Loli Žene, razumela je: bile su lezbosi. Ali Aneta i ona? Aneta je jedna od najlepših žena sveta. Jedno vreme, ne tako davno, najlepše žene sveta nisu izlazile sa drugaricama, nego sa drugarima. Možda je preterano lepa. Muškarci više ništa ne trpe kod žena, pa čak ni njihovu lepotu. A Stela, zna ona dobro šta kod nje plaši muškarce: njene milijarde.

Poželela je da pozove Lisjena i kako je bila pijana to je i učinila. Dobila je automatsku sekretaricu. Kakvu poruku da ostavi? Prekinula je i ništa nije rekla. Tako će Lisjen, kada bude preslušavao poruke, videti da ga je zvala, ali neće znati zašto. Dobro je to uradila!

Stela se prijatno osećala, pored Bimba. Vozio je, gledao u put i nije progovarao. Pravi odmar, kad muškarac vozi, gleda u put i ništa ne govori. Poželela je da spusti ruku na njegovo bedro i, kako to obično radi s Lisjenom, to je i učinila. Kada je natreskana radi sve što joj se prohte. Okrenuo je glavu ka njoj i nasmešio se. Taj osmeh je uzbudio. Bilo je to obećanje. Stela je povukla ruku. Neće spavati s prijeteljem svoje ćerke. Nije dotle došlo! Sada je bila sigurna da je suviše popila. U noćnom baru uzeće samo jednu *diet Coke*. Kad bi te noći napravila glupost s Bimbom, Lisjen bi saznao – moglo se računati na Žistinu, da će mu ona novost preneti – a on joj ne bi oprostio. Ispod svoje prividne ravnodušnosti, krio je posesivnost. Odmah bi se vratio za Francusku, uvređen, a njoj bi kao jedino rešenje preostalo, ako bi htela da ugrabi priliku da ga opet vidi: da ode na večeru u *Riblju kost*.

Čim su ušli u *night-club*, Žistina, Lola Žene, top-model i Bimbo skočili su na plato za igru. Stela je htela da pođe za njima ali se, odjednom, više nije osećela dovoljno pijanom da to i učini. Plesači i plesačice imali su po dvadeset i trideset godina manje od nje. Trebalo joj je da nešto popije. Pokušala je da se približi baru. Ispred nje je bilo dva, čak tri reda ljudi: momci nabijeni, devojčice šljašte. Osetila je da se smanjila od njihove mladosti. Nikako joj neće uspeti da joj na ovom mestu posluže piće, uprkos njenim milijardama. Nije ih uostalom toliko ni bilo. Dve ili tri. Toliko je bogatijih ljudi od nje. Kada bi pomislila na bogatstvo nekih ljudi, osetila bi se iskompleksiranom.

– Jesi li dobro, mama?

Žistina je položila ruku na njeno rame govoreći joj je na uho.

– Nisam, rekla je Stela. Hoću da idem odavde.

– Zašto? Tek smo stigli.

– Suviše je bučno i ne mogu da dobijem piće.

– Aneta ima svoju bocu ovde. Hajde za mnom.

– Imate sto?

– Čim su ugledali Anetu, ovi iz kluba su sve organizovali. Čak i najbolji sto.

Žistina je uhvatila Stelu za ruku. Majka i ćerka su razdvojile gomilu plesača. Stela je pomislila na Apolinerov stih: "*Neka protuva liči na moju ljubav...*" Žistina je volela žene, dakle voli i svoju majku. Za stolom je sedela samo Aneta. Lola i Bimbo su kao ludi igrali na platou.

– *Oni zu prafi, snaju da se sapafljaju*, rekla je Aneta.

Zatim je upitala Stelu šta ona "*šeli ta popije*".

– Džin-tonik, rekla je milijarderka.

Ukus džin-tonika, ukus mladosti. Uvek je to naručivala kada bi s Anemonom odlazila u noćne lokale. Pre toliko vremena. Mladost je završena, život takođe. Stela je pogledala na svoj mobilni: nema poruke. Shvatila je da plače kada je ćerka uhvatila za ramena i upitala šta joj je.

– Umorna sam, rekla je Stela. Hoću kući.

– Bimbo će te otpratiti.

– Ne, neću da mu upropastim veče.

– Zar je to važno, mama?

Doista, izgledalo je da za Bimba to nema nikakvog značaja. Kada mu je Žistina rekla da bi morao da odveze Stelu u *Don Kihote*, klimnuo je glavom i, okrećući se prema milijarderki, osmehnuo joj se kao maločas, kada mu je položila ruku na bedro.

U kolima nije pustio muziku. Steli je muzika nedostajala. Uvek su je puštale do daske, Anemona i ona, 80-ih, na povratku iz noćnog kluba.

– Da pustimo muziku? predložila je.

– Ako hoćete, rekao je Bimbo.

– Ne znam kako se pali ovoj radio.

Pronašao je neku stanicu s pop-muzikom i upitao Stelu da li joj odgovara. Više bi volela malo Mocartove muzike, ali se plašila da će to ispasti suviše staromodno. Suviše stara. Već je i pop-muzika davnašnjeg datuma.

Bimbo je ostavio ispred kapije *Don Kihota* i ovlaš joj je mahnuo rukom u znak pozdrava. Bila je razočarana. Mislila je da će sa njom ući u kuću. Možda bi se poljubili i, posle poljupca, možda bi vodili ljubav.

– Ponovo silazite u Majorku?

– Imam obavezu, rekao je Bimbo. Moram da vratim džip.

Osetila je da ovo nije pravi razlog, da je pravi razlog što je smatra ružnom i starom i što više voli da noć završi s mladim i lepim devojkama, pa čak i ako su neke od njih lezbejke.

U salonu je gorelo svetlo. Na terasi, u fotelji od trske, Anemona je spavala. Stela je sela pored nje. Imala je želju da je probudi, da joj ispriča kako je užasno veče provela. Anemona će naći prave reči da je uteši, da je ohrabri. Ali joj je takođe prijalo da gleda restoraterku kako spava, čak i ispod tog užasnog zavoja.

32

Zašto nije sišao u Majorku sa Anetom? Bio je umoran i plašio se da će u noćnom baru delovati staro. Sada nije više umoran, a osećao se starim, tako sam u manekenkinoj sobi, čak i u njenim očima je tako izgledao, iako ona nije bila tu da ga vidi. Stariji nego da je sa Anetom otišao u grad! A onda, nije bilo mudro pustiti takvu devojku da se muva među plesačima, gde se ne zna koji je od kojeg slađi. Volela je slatke muškarce. Njena ljubavna rang-lista otkrivala je mnogo u tom pogledu: belgijski pevač Brino Gislen, australijski glumac Toni Garfild, i, sasvim nedavno, jedan nemački top-model kao i onaj Gerhard fon Kram. Čak su i zvanično bili vereni. Štampa je bila puna fotografija na kojima ih prikazuju kako se drže za ruke, pre, za vreme i posle prikazivanja kolekcija. Kada su se rastali, Aneta je objasnila novinarima da ostaje vezana za Gerharda, ali da joj je potreban neko ko je "više intelektualac". Možda zbog njenog oca koga je obožavala i koji je bio profesor prava u Minhenu. Na boljeg od Žeremija nije mogla naleteti. Za sada je štampa ćutala o njihovoj vezi, ali to neće potrajati. Advokat misli da je na ostrvu uočio nekoliko paparaca dok su se vozali Anetinim džipom, a možda jednog ili dvpjicu i u toku večeri u *Tanhojzeru*. Vest će se, za dva-tri dana najpre pojaviti u Španiji. Odmah za njima će uslediti Italijani, pa engleski tabloidi. Na kraju će doći Francuzi. Žeremi je već navikao. Početkom 90-ih, izlazio je neprestano, s glumicom Ninom Kastelo i sa Džoanom Simone, televizijskom voditeljkom. Nina Kastelo više nije mnogo snimala, ali je Džoana Simone još uvek je bila veoma poznata. Na *France 2* imala je novu zabavnu emisiju koju Žeremi nikada nije gledao. Nije imao vremena da gleda televiziju.

Šetao se nag po sobi. Voleo je ženske sobe. Ženske kuće. Ženski novac. Sve je voleo kod žena. Bacio je pogled na biblioteku. Veći broj knjiga bio je na nemačkom. Čitao je malo i na nemačkom. Jedno vreme je čak mogao da odrecituje gotovo u celu Geteovu poemu *Kralj patuljak*.

Došao je do prozora i pogledao u more. Savršena tišina oko njega, stotine kvadratnih metara luksuza. Kako je novac prijatan i nežan! Novac je sličan mami punoj ljubavi, koja bdi nad najmanjom pojedinošću vašeg života. A tek kakva elegancija! Elegancija je za Žeremija važna. Bez elegancije Žeremi ne bi mogao živeti, a novac je jemstvo za eleganciju. Bez nje sve postaje osrednje, tužno, ružno. Nije razumeo kako ljudi mogu da žive u siromaštvu. To ga je prevazilazilo.

Sećao se onih divnih Stelinih i njegovih troškarenja, na početku braka. Kola, putovanja, izlasci. Za stolom po petnaest zvanica. Žeremi je uživao da potpisuje račun, a da ga čak i ne pogleda. Cipele, košulje, džemperi u kojima se čovek prijatno oseća. Nikada ne stiskaju. Niti vas grebu. *Business class* u avionima koja je u advokatovim mislima postala privatan domen. Da, bio je srećan sa Stelom. Sa Ninom takođe. Ona je imala manje novca, ali je bila slavnija: to je nadoknađivalo razliku. Voleo je da sebe vidi u novinama. Ubrzo je i sam postao slavan. Veliki humanitarni sadržaji, televizija, njegove knjige.

Nije mu više bio potreban novac žena, ali se, začudo, i dalje zaljubljivao u bogate žene. Navika se ustalila.

Upoznao se sa manekenkom, top-modelom, na nekoj VIP žurci na Jelisejskim Poljima. Bila je sa nekom starom drugaricom. Kada top model izlazi sa starom drugaricom, to znači da ima novog dečka i da joj nije stalo da ga prikazuje u štampi, ili da je upravo prekinula sa bivšim frajerom. Žeremi se opredelio za ovo drugo objašnjenje. Bilo je ispravno. Nemicu je vrebao već duže vreme. Nekoliko godina. Odgonetao je njene intervjue u *people* štampi. Ta devojka nije kao ostale, a on je najpogodnija osoba da vodi devojke koje nisu kao ostale. Dvadeset godina je stariji od nje, a devojke koje nisu kao ostale vole muškarce dvadeset godina starije pod uslovom da im se ona stvar uredno diže. Devojke koje spavaju s matorcima nisu lude za kurcem ali ipak ne misle da treba da ostanu "na suvom". Pitanje ponosa. Žeremi je često o tome razgovarao s Olivjeom Florans kome se više uopšte nije dizao. Mada je njegova žena Martina, u vreme kada je bila pri sebi, a pogotovo kada je znala ko joj je on, tvrdila suprotno.

Za početak, Aneta je Žeremiju saopštila da je devojka u životu izgubljena ako nema dobrog lekara, dobrog psihijatra, dobrog službenika u menjačnici i dobrog advokata. Da li ona već ima dobrog advokata? pitao je. Najboljeg, odgovorila je. Rekao je da je to nemoguće. Ona se nasmejala, a on je to iskoristio da bi joj izmamio broj mobilnog telefona. Rekla je da nema mobilni, jer nije ni stolar, ni kurva, ni bolničarka, ni majka sitne dece. Naravno da je lagala: imala je mobilni. Dobio je broj sutradan preko zajedničkih poznanika. Odmah je pozvao Anetu. Dobio je automatsku sekretaricu. Šest puta uzastopce. Na posletku je Aneta njega pozvala i pitala šta hoće. Rekao je da hoće nju. Ona ga je pozvala iste večeri u mali italijanski restoran, ispod njenog stana, u kojem je izgleda bila glavna atrakcija. Rekla je da ima kijavicu. I zaista nos joj je bio crven i često je kašljala.

– *Tufan plus prpljanje*, objasnila je.

Imala je takav akcenat da se pitao da li bi je bolje razumeo ako razgovaraju na nemačkom. To je i predložio i osetio je da je dobio poen. Često je ponavljao da tako treba postupati sa devojkama: osvajati poene. Kod dvadeset i prvog poena, devojka pada. Kao u ping-pongu. Ponekad ide i brže. Aneta je rekla:

– *Ljupasno s tfoje strane pogotofo što si Jefrejin.*

Trebalo mu je malo vremena da bi razumeo. Pitao se da li da odreaguje. Postojale su neke stavri koje nije trebalo pustiti da olako prođu. Ali, za to veče, odlučio je da učini izuzetak. Nastavak razgovora odvijao se na nemačkom. Aneta nije mnogo pojela. Žeremi je na to bio navikao. Pevačice, TV zvezde, top-modeli samo bi ponešto gricnule. Svi su mislili da su takve devojke skupe, a one ništa ne koštaju kada je hrana u pitanju. Aneta je smatrala da je Žeremijeva profesija uzbudljiva i zatražila je od advokata da joj ispriča nekoliko anegdota. Odmah se upustio u priču, ali se brzo ispostavilo da je njegov nemački suviše skučen da bi Aneta osetila sočnost priča, pa je zato morao ponovo da pređe na francuski.

– *Šao mi je*, rekla je Aneta. *Ja ne koforim heprejski.*

Zašto je to rekla? Ni on ne govori hebrejski! Ova je devojka čudna. Da se čovek zapita šta su joj radili roditelji i dede i babe pod Hitlerom.

Kada je stigao račun, rekla je:

– *Ja plačam!*

– Ni govora! viknuo je Žeremi.

– *Ti si kot mene.*

Izvadila je novac iz male providne plastične torbice u kojoj je, ovako od oka, izračunao da ima četiri do pet hiljada evra. Znao je da se osobe "delimično oslobođene poreza" uvek šetaju s mnogo novca kod sebe zato što ne moraju da pišu čekove niti da se izvan svog zvaničnog mesta stanovanja služe kreditnim karticama. Za Anetu je to Monako. Upitao je da li voli Monako.

– *Ne folim uopšte: folim Zarzel*[7].
– Preteruješ.
– *Posifam te: fidečeš.*
– Pozivaš me, kada?
– *Item tamo sutra: todži sa mnom.*
– Čik me povedi ako smeš!
– *Imaš islasak na sut?*
– Poslaću jednog od svojih asistenata.
– *Tvoj klijent se neče žaliti?*
– Ne brini, neka budala je u pitanju.

Sutradan ujutru, Aneta Bretling je ukrcala Žeremija u svoj privatni džet koji je leteo za Monako u kome su na brzinu vodili ljubav. Advokat je bio na vrhuncu sreće. Radi ovoga je došao na svet, upravo radi ovoga: da vodi ljubav sa manekenkom, top-modelom, u njenom privatnom avionu. Upitao se zašto ga Bog toliko voli i pomislio je da je to verovatno zato što je oduvek branio potlačene. "Ponižene i uvređene", kako je često govorio kada bi se pojavljivao na televiziji.

---

[7] Sarsel (*Sarcelles*) – rezidencijalno mesto u francuskoj oblasti Val-d'Oaz. (*Prim.prev.*)

33

Lola je igrala s Bimbom. Aneta je kazala da bi i ona volela da igra, ali ne usred te gomile. Smetalo joj je kada previše sveta bulji u nju. Više je volela da igra kod kuće ili na žurkama kod prijatelja, sa odabranim zvanicama.

Žistina joj je pravila društvo na klupici. Nemica je zbog galame morala da joj govori na uvo. Svaki put bi Aneta malo približila usne, a Žistina sve više ćulila uvo. Oni koji se sreću po noćnim lokalima ne počinju da se ljube u usta nego u uši. Malo pre svanuća dve mlade žene izišle su da se prošetaju. Hodale su zamrlim ulicama držeći se za ruke. Pošto su proverile da niko ne ide za njima i da nema mogućnosti da ih neko fotografiše čak ni teleobjektivom, Aneta je pritegla Žistinu uza zid i dugo je ljubila milujući joj grudi ispod košulje. Pošto je došla do daha, Francuskinja je upitala:

– A tata?
– *Šda dada*?
– Neće mu se baš mnogo svideti, ovo što nas dve sada radimo.
– *On to ne fidi*!

Aneta se nasmejala. Smeh joj je bio dubok, grleni. Muški smeh. Vojnički. Ličila je na vojnika, ali ne na današnjeg vojnika, nego pre na srednjovekovnog viteza. Jednog od onih što su zauzeli Jerusalim, pomislila je Žistina zabavljajući se.

– Šelim te, rekla je Aneta.
– I ja tebe. Šta ćemo?
– Da vodimo ljubav!
– Ali gde? Nećemo kod tebe: tamo je moj otac. Nećemo kod mene: tamo je moja majka. Hotel, ne dolazi u obzir.

– *Ne tolasi u obsir! Posle teset minuta stforiće se petnaest paparaca! Mećutim ja posnaje jetan fini: Grand Hotel Son Net. Na tfateset minuta ot Palme. Tamo pismo pile srećne, ope. Ah, sašto sam doliko slafna?*

– Zato što si dala sve od sebe da to postaneš, mila moja.

Žistina je privukla k sebi i ponovo su počele da se ljube. Uvukla je ruku u Anetine gaćice: Nemica je bila vlažna. Žistina se pitala da li se isto ovoliko ovlaži i sa njenim ocem i verovala je da je odgovor dobila kada je manekenka rekla:

– *Fi Jefrejke, još ste polje sa seks ot Jefreja!*

Vratile su se u noćni klub sasvim omamljene, pošto nisu našle rešenje gde da sakriju svoje prvo sparivanje. Lola Žene i Bimbo sedeli su zagrljeni na klupici.

– Odrađuješ i frajere? upitala je Žistina autorku romana.
– Šta sam ti rekla u *Tanhojzeru*? obrecnula se. Ja sam bi[8]. Prava pravcata bi. Masa sveta za sebe kaže da su bi, a ovamo su homići koji su samo jednom ili dva puta, ili čak pola puta spavali sa osobom drugog pola.
– Ja, na primer!
– Ti nikada nisi spavala s muškarcem?

---

[8] Biseksualka (*Prim.prev.*)

— Nisam. Sinoć je ljubavnik moje majke pokušao da me poljubi u usta. Ugrizla sam ga. To je moje jedino heteroseksualno iskustvo i ne mislim da će ih još biti.
— Onda prestani da govoriš da si bi.
— Nikada nisam rekla da sam bi.
— Izvini, mislila sam da jesi.
— Zašto? Zato što smo se ljubile s jezikom u *Tanhojzeru*? Ti nisi momak.
— Ne ali...
— Ne, ali šta?
— Ne ali, ništa. A Bimbo?
— Šta, Bimbo?
— On je bi?
— Pojma nemam. Jesi li ga pitala?
— Nisam. A ti?
— Nisam ni ja. Da ga pitamo sada?
— Ako hoćeš.

Žistina se sagnula prema Bimbu i na uvo ga je upitala da li je bi. Dečko se nasmejao i odmahnuo je glavom. Onda je Nemica, iznervirana možda dugim razgovorom koji su između sebe vodile Žistina i Lola povukla mladića na plato. Oko njih se odmah stvorilo mnogo sveta i Žistina ih je izgubila iz vida.

— Pitanje koje treba razjasniti, rekla je Lola, jeste da li neki tip koji izlazi sa biseksualkom nije i sam donekle bi.
— To kažeš misleći na Bimba?
— Da. Osim toga, trebalo bi da te brine i to što je Aneta istinska biseksualka. Čak je od one superiorne rase biseksualaca.
— Je l' to kažeš zato što je Nemica?
— Ne: nego zato što u isto vreme izlazi s ocem i s njegovom ćerkom.

– Zar nas dve izlazimo, Aneta i ja?
– Zar niste malo pre izišle?
– Izišle smo da se prošetamo.
– To je to, dabome: da se prošetate. Je l' šetnja novo ime za klitorisni orzagazam?
Autorka se nasmejala.
– Kako si prosta, na to će Žistina.
– Kad ne bih bila prosta misliš li da bih prodala trista hiljada primeraka svoje knjige u Francuskoj, trideset hiljada u Nemačkoj i dvanaest hiljada u Švedskoj?
Žistina je pomislila da to i nije tako strašno. Njen otac je imao bolju prođu s knjigom *Nezavisnost pravosuđa*.
– Ne brini, nastavila je Lola, nisam uopšte ljubomorna. Mi, biseksualke, prave bi, nismo ljubomorne, zato što imamo dva puta veći izbor i od hetero i homića. Pazi, ovo je prvi put u mom životu da me neko otkači posle dva sata a da se, uz to, još nisam ni kresnula! Priznajem da je konkurencija oštra.
Kada se nekoliko osoba razmaklo, mogle su videti Anetu Bretling kako se kreće po platou, visoka i kao izvajana. Pokatkad bi se priljubila uz Bimba koji bi i dalje izvodio svoje korake starog džerka, igre kojoj ga je verovatno naučio otac ili ujak iz unutrašnjosti.
– Dok se mi ovde glupiramo, rekla je Lola, upravo nam i jednoj i drugoj, mažnjavaju naš noćašnji plen. Bolje bi bilo da smo na oprezu, stara moja. Malo čas si me suviše napalila. Ako se ne pojebem, dobiću astmatični napad.
– Zar si astmatičarka?
– Nisam, to autorka progovara.
Ustale su i pridružile su se Aneti i Bimbu na platou. Lola je odmah prigrabila mladića, priljubila se uz njega ljubeći ga u usta. Žistina je diskretno uhvatila Nemicu za ruku i zadržala

je pet sekundi stiskajući je u svojoj. Top-model se nežno smešila devojci koja je pomislila da je našla ženu svog života. Trebalo je da Aneta napusti Žeremija, ili će ga ona napustiti. Ne bi podnela da njen otac još dodiruje njenu devojku.

Iz noćnog kluba izišli su oko šest sati ujutru. Grad je bio ružičast, tišina velika kao oblakoder. Aneta je sela za volan svog džipa. Žistina se smestila pored nje. Preostalih dvoje sedeli su pozadi.

– *Kako ta se orkanisujemo?* upitala je top-model.

– Najbolje je, rekla je Žistina, da odemo svi u *Don Kihote*. Lola i Bimbo će uzeti sobu Floransovih, a ti i ja ćemo u moju.

– *A tfoja majka?*

– Objasniću joj. U ovom trenutku potpuno je sišla s uma, zbog onog svog kuvara...

– *Ako tfoj odac fidi ta se niko ne fraća u Tanhojzer, topiće nerfni slom.*

– Ako nas vidi da se zajedno vraćamo i da zajedno idemo u isti krevet, nervni slom će biti još teži!

– *U prafu si. Di si paš pametna. Vi ste Jefreji pametniji ot nas!*

Ova je primedba zbunila Žistinu. Aneta je mnogo govorila o "Jefrejima". Pitala se šta se iza toga skriva. U detinjstvu, Žeremi joj je objasnio da je, kod goima[9], reč o nekoj vrsti antisemitizma, kada govore da su Jevreji superiorna bića.

Aneta je vozila brzo i dobro. Mnogo bolje od Stele. Žistina se uz nju osećala sigurnom. Svaki put kada je Nemica menjala brzinu dodirivala je bedro svoje susetke. U jednom trenutku je čak zgrabila za ribu preko farmerki i jako je stisnula. Devojci se nisu mnogo svidele te kretnje, koje je smatrala suviše muškim, gotovo "mačo".

---

[9] Hebrejski izraz za ne-Jevreje (Prim. prev.)

Ispred *Don Kihota*, bila su parkirana bolnička kola i policijski auto. Žistina je odmah pomislila da se njena majka ubila i iskočila je iz džipa. Lisjen koji joj je dolazio u susret idući vrtom, raspršio joj je zabludu: Anemona je, u toku noći, umrla na terasi.

34

U snu je osetio prisustvo stranog tela i otvorio je oči. Umalo nije zaurlao videvši žensko telo ispruženo pored svog. Shvatio je da je reč o Steli. Hrkala je i pitao se da li ga je to probudilo. Iskoristila je što on spava da bi se bez dozvole uvukla u njegov krevet. Spavala je preko čaršava potpuno obučena. Ipak je bila izula cipele. Shvatio je da neće moći ponovo da zaspi i odlučio da spavanje nastavi u sobi Floransovih. Ili u Stelinoj. Stelina soba je bolja ali Lisjen nije bio siguran da li su milijarderkini čaršafi čisti, dok je kod Floransovih obavljeno detaljno spremanje pošto je Olivje odseo u hotelu Palma. Samo je trebalo nečujno ustati, da se Stela ne probudi. Probudio se usred jutarnje erekcije, a ako bi milijarderka to videla, naskočila bi mu na kitu i mnogo bi mu bilo teško da je odvrati. Pažljivo se izmigoljio iz kreveta. Spavao je nag i osetio je izvesnu nelagodnost što šeta svoje nisko okruglo telo po velikoj praznoj kući. Kako će sutra ujutru? Uzeće neke pantalone i duksericu iz ormana Olivjea Floransa. Bili su istog stasa. Odluči da ode do kuhinje i da popije malo kisele vode. Usta su mu bila suva. U *Tanhojzeru* je popio suviše alkohola. Sve kao ne pije ništa, a otkada je došao u Majorku počeo je da cuga.

Sigurno zato što su mu u dubini duše svi ovi bogataši išli na onu stvar. Čeznuo je da se ponovo nađe u kujni *Riblje kosti*, da ponovo vidi svoje komšije iz ulice Montorgej. Setio se da je prethodnog dana rekao "sranje" Dafni. Tja, nikada niko nije video da žena svome mužu dâ nogu samo zato što joj je rekao "sranje", pogotovo ako joj kući donosi deset hiljada evra mesečno. Pa to je ludo, pomislio je, koliko čovek ima bistrije misli ujutru.

U kujni je otvorio frižider da vidi šta je Anemona još smazala u toku noći. S iznenađenjem je ustanovio da ništa ne fali. Za frižidere je imao dobro oko. To mu je posao. Uzeo je bocu kisele vode i potražio čašu. Sa Stelom se stalno svađao, u Singapuru i u Dubaiju (pogotovo u Dubaiju gde su duže ostali), što kiselu vodu pije iz flaše. Uvek. Pivo, pa čak i votka, mogu se piti iz boce; ali kisela voda, nikada. Pitala ga je zašto. Rekao je da je to tako.

Primetio je Anemonu izlazeći iz kuhinje. Još je spavala na terasi. Pomislio je najpre da je ne uznemirava i da je pusti da spava, u stvari više zato što je bio go, ali mu je palo na pamet da nešto nije u redu s njom. Kada je shvatio da je mrtva, istog trena mu je ona stvar spala. Trčeći je otišao do svoje sobe i obukao se. Stela se probudila i upitala ga je šta mu je. Najpre je pomislila da je ljut zato što je legla u njegov krevet. Izvinila se. Bila je pijana. I tužna. Nije mogla da spava sama.

Odgovorio joj je da je Anemona umrla.

– Kako to, umrla?
– Na terasi. Ne znam šta joj se desilo.
– Jesi li siguran da je mrtva?
– Ne diše više.
– Jesi li pokušao da je reanimiraš?
– Ne poznajem nijedan način kojim se reanimira mrtvac.

– Možda joj je jednostavno pozlilo.
– *Ona više ne diše.*
– Jesi li proverio?
– Čime?
– Ogledalcetom. Videla sam u nekom filmu da se tako radi.
– U kom filmu?
– Ne znam. Nekom istorijskom.
– Jedino šta treba uraditi jeste da se pozove policija.
– Idem da proverim da li je zaista umrla. 'Ajde sa mnom?
– Neka, hvala. Neću više to da vidim. A osim toga s onim zavojem ... A ne, užasno je! Telefoniraću pajkanima i više me ništa ne zanima.
– Lisjene, molim te: sama se plašim...
Krenuo je s njom psujući. Ova će ga budala zajebavati do kraja.
Ispred Anemoninog tela stajali su nepomični. Nije imalo šta da se proverava. Restoraterka je kratko i jasno bila mrtva.
– Pozvaću policiju, reče Stela.
– Rekao sam ti.
– Neobično mi je i da pomislim da je ona mrtva, a da sam ja živa. Treba stvar saopštiti Samijelu... Pitam se kako će reagovati.
– Počeće ponovo da pije.
Policija je na lice mesta stigla za pola sata. Inspektor je fotografisao Anemonino telo, pitao zašto pokojnica nosi tu masku celu umljanu od vina i hrane. Stela je sve ispričala o udesu i njegovim posledicama, i tada joj pade na pamet da je Anemonina smrt možda nastupila kao posledica udarca koji je restoraterka nekoliko dana ranije preživela prilikom sudara s džipom Anete Bretling.

– Samo će još faliti, rekla je Lisjenu, da me i Samijel kao Olivje, izvede pred sud!

Kako su milijarderka i kulinar bili poslednje osobe koje su videle Anemonu živu – ali, da li je još bila živa kada je Stela sela pokraj nje u tami na terasi pre nego što je otišla da se sklupča uz Lisjena? – ispektor ih je ispitivao zasebno pre nego što im je zakazao da istoga dana u 15 časova dođu u centralnu policijsku stanicu u Palmi. Odneo je telo da bi se uradila autopsija. Ovo će potrajati neko vreme jer u Majorki nema sudskog lekara, trebalo je pozvati nekoga iz Barselone.

– Mislite li da je moja prijateljica otrovana? upitala je Stela.

– Ja ništa ne mislim, gospođo. Ja samo obavljam svoj posao.

Ko bi mogao otrovati Anemonu? Osim same Anemone, Lisjenu niko nije padao na pamet. U tom trenutku, začuo je zvuk nekih kola koja su se približavala kući i pomislio da se Žistina s Bimbom vraća iz Palme.

35

Na ivici bazena, gledali su u vodu u koju je Anemona tako često ulazila da preplivava dužine.

– Neću više moći ni da čujem reč "dužina", a da ne pomislim na nju, rekla je Stela.

– A ja ću sve vreme misliti na nju dok budem u *Ribljoj kosti*.

– Šta će biti s *Ribljom kosti*?

– Ništa. Bez Anemone, nema više razloga da postoji. Ni Tjeri, šef sale, ni ja ne možemo da preuzmemo posao oko prijema i odnosa s javnošću kako je to Anemona radila. Mislim da će je Samijel prodati.

– A kad bih je ja otkupila?

– Ne, Stela. U restoraciju čovek istinski treba da se razume. Za šest meseci bi izgubila novac.

– Pa šta onda? Šta znači novac kada si uveče živ, a sutradan ujutru osvaneš mrtav?

Nastala je duga tišina. Lisjen je naslonio glavu na Stelino rame. Ona mu prođe prstima kroz kosu. Razmenili su dugi poljubac. Stela mu je stavila drugu ruku na šlic i ustanovila da mu se digao. Otkopčala mu je šlic i izvadila kuvarov ud. Očekivala je da se Lisjen usprotivi njenoj ljubavnoj inicijativi, kako je činio od početka svog boravka u vili *Don Kihote*, ali, verovatno smlaćen tugom – mada mu ud nije delovao utučeno – kako on nije regovao ona je počela da mu ga masturbira. Ništa nije govorio. Ona je stezala penis svom snagom i drmala ga sve brže i brže. Mislila je da je to jedina stvar koju može da uradi. Nije prihvatala da muškarcu sisa onu stvar na dan smrti svoje najbolje prijateljice, pa makar to bio i Lisjen. To bi joj ličilo na izdaju. A na penetraciju, nije ni pomislila: Bimbo i Žistina su mogli svakog časa da naiđu. A onda, nebo je bilo sivo. To je bio prvi sumoran dan toga leta. Mogla je pomisliti da je u nekom lošem porno filmu iz 70-ih.

– Je l' dobro? upitala je.

Lisjen nije odgovorio. Glava mu je i dalje bila na Stelinom ramenu. Držao je zatvorene oči.

– Reci mi da je dobro!

– Dobro je, rekao je ravnodušnim glasom.

Kada je kulinar počeo da izbacuje spermu, milijarderka je njegov organ usmerila ka bazenu. Nekoliko kapi sperme pale su u vodu. Stela je osetila ogromno olakšanje. Seks se vratio između nje i Lisjena. Nije važno što se to dešava u onom najosnovnijem obliku. Za nju je najznačajnije da im se uživanje ponovo vratilo. Pogotovo njemu. Ali i ona je doživela neku vrstu zadovoljstva. Pade joj na pamet da ih je možda Anemonino prisustvo sprečavalo da se seksualno sjedine. Prebacila je sebi što joj takva stvar pada na pamet i u mislima sebe nazvala đubretom. Vratila je ud u kulinarove gaćice, zakopčala mu šlic. Upitala se da li da poliže prste. To bi bilo mnogo erotskije nego da ih Lisjen poliže. Naumila je da mu ih gurne u usta. On se usprotivio:

– Je l' tebi u glavi sve čisto, ili nije? Zamoči ih u vodu od bazena; u svakom slučaju već si je zagadila.

Stela ga je poslušala. Obrisala se potom o nogavicu pantalona i ponovo privukla Lisjena uz sebe. Prepustio joj se kao dete.

– Od sada, rekla je, svaki put dok se budem kupala u svom bazenu, mislić́u na tvoju spermu. Do kraja života će, bazen u vili *Don Kihote*, za mene biti mesto po čijoj će površini plivati tvoja sperma.

– Zar vi nikada ne menjate vodu?

– Htela sam da kažem u simboličkom smislu.

– Pa da.

Zadremao na trenutak-dva. Uvek bi zaspao posle svršavanja, pa makar i na nekoliko sekundi. Stela je gledala more, nebo, brežuljke. Mislila je kako stoji uz čoveka koga voli i koga je upravo dovela do vrhunca. Ništa više na ovom svetu nije želela. Međutim, osećala je da je suviše srećna i da će zbog toga biti kažnjena. Bog hoće, pomislila je, da budemo srećni, ali da ne preteramo. Kada smo suviše srećni on oduzme onaj višak da bi ga dao nekom ko to nije dovoljno. Sigurna da je ponovo osvojila Lisjena, Stela je shvatila da ga je izgubila. Sve se objašnjavalo nebom. Ovim sivilom. Poslednji dan je siv. Kada dođe Sudnji dan, vreme će biti sivo. Upitala je kulinara da li je voli, a on je odgovorio da ne, rekao je da je voleo Anemonu, a onda se nasmejao. Zatim je zaplakao. Nije poželela da ga teši. Po njenom mišljenju on je lud. A u stvari, ona je luda, zavolela je ludaka. Žeremi je isto tako lud, na svoj način.

– Ne volim ni Anemonu ni tebe, rekao je Lisjen. Volim Dafne, ali imam utisak da jedino što ću u buduće biti u stanju da joj kažem, jeste sranje. Sranje, sranje, sranje, sranje!

– Kada istraga bude završena moraćeš da se vratiš u Pariz.

– To i nameravam.

Dovela ga je do vrhunca. Pobedila ga je. Sada može i da nestane. Mora da nestane. Nije više želela da ga vidi. Odjednom je shvatila koliko je ružan. Te njegove kratke noge. Trebalo je samo videti Žistinine noge, naspram ovih. Koja razlika. Rekla je da ide u svoju sobu da se odmori. Lisjen nije ništa odgovorio. Apsolutno ga nije bilo briga. Đubre: pustio je da mu ga izdrka, a sada više ne postoji za njega. Pitala se hoće li i sama da masturbira kada se bude našla u krevetu. Mislila je da neće. Bilo bi suviše ponižavajuće. Jednog dana s nekim će ponovo svršiti. Drugačije nije moglo biti. Bog neće da ona bude suviše srećna, ali On isto tako neće dopustiti ni da bude suviše nesrećna. Odlučila je da se pomoli. Ali, pre toga, da popije tekilu.

Marija se kretala po kuhinji. Stela joj je toga jutra telefonirala, da joj javi za Anemoninu smrt i da je zamoli da dođe da joj pomogne u vili *Don Kihote,* zato što sa svim ovim događanjima ona sama neće moći da iziđe na kraj. Opet je pitala šta je s njenom sestrom. Marija je rekla da joj je bolje, a Stela je odgovorila da joj je zbog toga drago.

36

Stela, Žistina, Lisjen i Bimbo, bili su na okupu u kuhinji i večerali su kada začuše neka kola kako se penju ka imanju. Stela je rekla da je to verovatno Olivje Florans koji vraća Martinu iz Palme. Ali to nije bio taksi, nego mala iznajmljena kola.
– Tata, uzviknula je Žistina.
Istoga časa Lisjenovo lice se smrklo. Osećao se inferiornim pred Stelinim bivšim mužem. Inferiornim fizički, intelektualno, socijalno. A povrh svega, znao je da ga Žeremi mrzi. Čovek uvek ima utisak da ga ljudi koji ga mrze smanjuju, dok bi trebalo da bude obrnuto. Kroz prozor su videli Žeremija kako ide stazom u vrtu. Iza sebe je vukao kofer s točkićima. Stela je ustala i krenula da mu otvori. Lisjen i Žistina pošli su za njom. Kulinar pogotovo nije hteo da pokaže ono što u sebi oseća, to jest, da mu pridošlica zadaje strah. Samo je Bimbo ostao da sedi. Kada je prošao iza njega, mladić ga je uhvatio za mišicu da bi mu rekao da obožava njegovu zečetinu, što je kulinara okrepilo. U stvari, pripremio je bio zeca s graškom, zato što je, kako je govorio, skuvati dobro jelo najbolja stvar za oporavak posle dramatičnog događaja. Bio je veći stručnjak za ribu, ali nije bilo ribe u zamrzivaču.
– Šta se dešava? upitala je Stela advokata.

Izgledao je uzbuđeno. Celo lice mu je bilo u tikovima. Tikovi su nešto novo kod njega.

– Sad ćeš se smejati: Aneta mi je dala nogu. Mogao sam da odem u hotel – izgleda da Grand Hotel Son Net nije loš – ali bila mi je potrebna... Ne znam. Ljudska toplina...

– Dobro si uradio, Žeremi. Ti si kod svoje kuće, u vili *Don Kihote*.

– Pa šta se desilo? upitala je Žistina.

– Aneta se zaljubila u nekog drugog.

– U koga?

– Ne znam. Uostalom, znam. Uostalom, ne znam... Znam da je posredi neka devojka, ali ne znam ko je to.

– Neka devojka? rekla je Stela. Koja devojka?

– Nije htela da mi kaže koja. Samo mi je rekla da je devojka, i veruj, bilo mi je dovoljno.

Stela se okrenula prema Žistini.

– Pazi molim te, nije valjda Lola Žene, autorka romana kojoj si cele večeri gurala jezik u usta?

– To bi bio vrhunac! rekla je Žistina. Napravila bi rogonjom i oca i ćerku!

– Jednim udarcem dve muve, završio je Lisjen.

Hteo je da kaže nešto smešno ali je shvatio, prema tri teška pogleda koji se sručiše na njega, da je bolje bilo da ćuti. U deliću sekunde je isto tako shvatio da Žeremi, Stela i Žistina čine pravu porodicu. To mu je možda smetalo od početka, u njegovom odnosu sa Stelom. Osećanje da je uljez. Strano telo. Možda ga je verovatno i zbog toga Žistina toliko mrzela: zato što je bio drugačiji od nje, od njene majke, od njenog oca. Zato što je bio neko drugi. Stranac.

– U zgodnom trenutku si došao, rekla je Stela svom bivšem mužu, imamo dve slobodne sobe: sobu Floransovih i Anemoninu.
– Neću Anemoninu, hvala!
– Promenili smo čaršave!
– Svejedno.
– U pravu si, bilo bi malo tužno.
– Da, malo.
– S druge strane, celog života svi spavamo u sobi gde su neki ljudi umirali.
– Ne prethodnog dana!
– Skrećem ti pažnju da Anemona nije umrla u svojoj sobi nego na terasi. *Tvojoj* terasi. Ali radi kako hoćeš. Ima i soba Floransovih. I tamo smo promenili posteljinu.
– A tvoja?
– Moja?
– Tvoja soba?
– U njoj sam ja.
– Upravo zato.
Stela se nasmešila.
– Zaboravljaš jedan detalj, Žeremi: mi nismo više u braku.
– Pre svega, to nije detalj. A onda, šta to mari? Gomile nevenčanih osoba spavaju u istom krevetu.
– Nema govora! Kakva sam zagorela u ovom trenutku, skočiću ti na đoku i ne bih podnela da me odbiješ.
– Neću te odbiti.
– Pazi, govoriš pred svedocima.
Pomenuti svedoci – Lisjen i Žistina – nisu baš znali kakav stav da zauzmu pred ovim intimnim izlivom.
– Ali možda Lisjenu ovo ne bi odgovaralo, primetio je Žeremi.

– Nipošto! na to će kulinar. Naprotiv!
– Zašto "naprotiv"? upitao je advokat pretećim glasom.
– Stvarno, rekla je Stela. Zašto to "naprotiv"?
– Rekao sam tek onako.
– Ništa se ne kaže "tek onako", grdio je Žeremi.
– U restoraterstvu se kaže.
– Ni u restoraterstvu, ni na drugom mestu.
– Ovo ćete naći kod Frojda, objasnila je Žistina.
– Nećete valjda sada i protiv mene podići tužbu? pobunio se kuvar.
– Baš se to i pitam, rekao je Žeremi s jedva vidljivim osmehom.

Jedva vidljiv osmeh ohrabrio je i umirio Lisjena. Ovakav osmeh bi advokat namestio kada je hteo svom sagovorniku da nagovesti, pogotovo na televiziji, da ne govori sasvim ozbiljno. Recimo kada je bio manje ozbiljan nego obično.

– E pa, rekla je Stela Žeremiju, pokazaću ti svoju sobu.
– Zaboravila si da poznajem put.
– Ko je kriv, što sam zaboravila?

Lisjen je bio osetljiv samo na jedno: na Žistininu radost. Devojka je gledala kako se ostvaruje san svakog deteta razvedenih roditelja: pomirenje oca i majke.

Žeremi je već bio krenuo hodnikom kada je Stela rekla:
– Posle se vrati kod nas u kujnu: Lisjen nam je napravio savršenu zečetinu.
– Mrzim zečetinu, rekao je Žeremi ne okrećući se.

Stela se nasmešila Lisjenu i rekla da bi opravdala advokata.
– Imao je nekog zeca, kao mali, u Tunisu.

37

– Šao mi je, Šistina: to je ušasan nesporasum.
Stelina ćerka se nasmejala i ustala. Poverovala je da je top-model napustila Žeremija iz ljubavi prema njoj, ali se prevarila, bilo je to radi Lole Žene, kako je to, uostalom, Stela i pogodila. Kada su se onoga jutra našle nasamo u kolima, Lola i Aneta su odlučile da obiđu ostrvo pre nego što se vrate u *Tanhojzer*. U stvari, bile su seksualno veoma nadražene, i to istom osobom: Žistinom. Parkirale su auto u šumi i zadovoljile su jedna drugu.
– I damo smo sfatile, objasnila je top-model, *da se folimo*.
Zatim je redom navela i ostale argumente.
– Rasumeš, Lola je indelekdualka kao tfoj odac.
Žistina se pobunila rekavši da je i ona intelektualka. Aneta ju je uhvatila za ruku, s ljubaznošću od koje se devojka zgrozila. Istog časa je izvukla ruku.
– Di, di posnaješ iteje. Tfoj odac i Lola, posnaju iteje i šifot. A onta, Lola je pi.
– Bi?
– Ta: pi! Kao ja. Ona ne pljuje po muškarcima. Piće braktičnije kat putem pošelela da tofetem nekok u krefet. Mošemo čak da

ka imamo sajetno! Di si nefina. Lepo, ali je to sajebano. Naposletku, Lola plaća umanjen pores.

– Umanjen porez?

– *Ta: ona je prijafljena u Majorgi, ja u Monago, ali imamo isti orkanisacijon. Mošemo imati isti fiskalni safetnik. To nam pute tonelo felika ušteda! Ličimo jetna na truku: ope smo goim. Osim toka, kotofo da smo istih kotina. Fitiš Šistina, to je sutbina: nemaš šta ta žališ. Toći kot nas u posetu kata puteš htela, ofte ili u Monago. Uposnaćemo te s tefojkama. Posnajemo ih na komile. U naše straflje!*

Aneta Bretling se smejala. Taj osmeh je imao smirenu blistavu okrutnost. Čim se večera završila u vili *Don Kihote*, Žistina je pojurila u *Tanhojzer* puna nade. Osećala je malu grižu savsti, zbog svog oca. Ali s tim je raščistila u kupatilu, dok se šminkala. Žeremi je već upropastio Stelin život, ona neće svoj da upropasti zbog njega! A jedino što on stvarno voli je njegov posao. Dok ona, Žistina, nema posao. Nije bila ni blizu toga da ga dobije. Biće sa Anetom, ići će svuda sa njom. Sklupčaće se u njenom nežnom luksuzu. Podrediće se njenim slatkim hirovima. O kakvim sve slastima nije sanjarila u kupatilu vile *Don Kihote*, u starom golfu svoje majke, vozeći po travi vile *Tanhojzer*.

Zbog toga se i ona nasmejala ustajući. Smejala se sama sebi. Najgori smeh koji postoji.

Kako je Žistina i očekivala, Aneta je pojurila za njom i zagrlila je. Žistina se umalo nije onesvestila od tuge, priljubljena uz ovaj predivni izvor toplote i lepote koji joj je zauvek uskraćen.

– *Ne ljudiš se na mene?* upitala je Aneta.

– Ne. Na sebe se ljutim, što nisam umela da te nateram da me zavoliš.

– *Ljupaf, to ti i nije mnoko fašno.*

– Šta je važno?
– *Nofac. Sato sam uspela da smanjim pores, a i Lola takoće. Di bi morala isto to ta učiniš, kada puteš postala nasletnica!*

Aneta je ostavljala utisak da se šali, ali Žistina je znala da se Nemica samo napola šali.

– Mogu li da te poljubim? upitala je.
– *Narafno.*

Žistina je osetila da je to njihov poslednji poljubac i možda poslednji poljubac koji će razmeniti sa ženom.

– *Preostaje nam samo ta, jeste ta se natamo ta Lola ne naprafi roman ot ofe priče!*
– Ako to uradi, ubiću je.
– *Ako je upiješ, onta ću biti s topom, jer si ti truka u mom srcu!*

Putem, na povratku, Žistina je dobila želju da sleti sa Stelinim golfom u provaliju, ali je pomislila kako bi bilo previše mrtvih u istom danu, a onda, postojalo je još nešto, što je iznenada, poželela da uradi: da vodi ljubav sa dečkom. Tako će i ona postati istinska bi. Imala je izbor između Lisjena i Bimba. Odlučila se za Bimba. Bio je mlađi, slađi, a osim toga već se nalazio u njenoj sobi!

Bimbo je buljio u plafon, nag na svojoj strani kreveta. Žistina se svukla pred njim, kao svake večeri. Osim što je večeras gledala u njega. Na kraju je upitao zašto ga gleda.

– Zato što hoću da me potucaš, rekla je.

Bimbo je ugasio svoju lampu na noćnom stočiću i rekao:
– Rado.
– Upozoravam te: nevina sam.
– Znam.
– Kako znaš?
– Rekla si mi.

Kasnije, tokom noći, kroz zid su čuli zvonjenje nečijeg mobilnog telefona, a onda i Lisjena kako viče nekoliko puta:
– Sranje.

OD ISTOG PISCA NA SRPSKOM JEZIKU

PROTIV KLEVETNIKA SRBIJE, Podgorica, Oktoih, 1995.
BEOGRAD CYTI / LETOVANJE U BOTENU, Vršac, KOV, 1996.
BOGATAŠICA, Beograd, Narodna knjiga, Alfa, 1997.
HALDRED, Beograd, Triptih, 1998.
LENJIVICA, Beograd, Paideia, 1998.
JULIJE I ISAK, Beograd, Paideia, 1998
SRĐAN, MILOŠ I MILENA, Beograd, Paideia, 1998.
POTKAZIVAČ DIDIJE, Vršac, KOV, 1998.
DARA, Beograd, Paideia, 1999.
BRABANOVI, Beograd, Paideia, 1999.
PUŠKINOVA SMRT, Beograd, Paideia, 1999.
TITANIKA, Beograd, Paideia, 1999.
SRPSKI DNEVNIK PATRIKA BESONA 1995-1999, Novi Sad, Gradska biblioteka:Osvit, 1999.
ON, Beograd, Paideia, 2000.
IZVESNA MELANHOLIJA, Beograd, Paideia, 2000.
ROMANI IZ MLADOSTI, Beograd, Paideia, 2000.
POUZDANIJI POL / LE SEXE FIABLE, dvojezično izd. Banja Luka-Beograd, Zadužbina "Petar Kočić", 2001.

ŽENSKA VEČERA, Banja Luka-Beograd, Zadužbina "Petar Kočić", 2001.
LJUBAVNI ZODIJAK, Beograd, Žagor, 2001.
UBISTVO U PIVNICI LIP, Beograd, Žagor, 2003.
STANJE DUHA, Beograd, Naš Dom / Lausanne, L'Age d'Homme, 2003.
HRISTOV GROB, Beograd, Rad, 2006.
MALI LJUBAVNI JADI, Beograd, Paideia, u štampi.

Patrik Beson
VILA DON KIHOTE
*

Izdavačko preduzeće
RAD
Beograd, Dečanska 12
radbooks@eunet.yu
*

Za izdavača
SIMON SIMONOVIĆ
*

Lektor i korektor
MIROSLAVA STOJKOVIĆ
*

Grafička oprema
NENAD SIMONOVIĆ
*

Štampa
Elvod-Print, Lazarevac

CIP - Katalogizacija u publikaciji
Narodna biblioteka Srbije, Beograd

821.133.1-31

BESON, PATRIK
Vila Don Kihote / Patrik Beson ;(prevela Tatjana Šotra). - Beograd : Rad,207. (Lazarevac : Elvod-Print). - 177 str. ; 21 cm. - (Biblioteka Rad)

Prevod dela : Défiscalisées / Patrick Besson. - Napomene uz tekst.

ISBN 978-86-09-00957-0

COBISS.SR-ID 142646038

www.ingramcontent.com/pod-product-compliance
Lightning Source LLC
Chambersburg PA
CBHW071712090426
42738CB00009B/1751